# ΓΑΜΟΣ

# TRAUUNG

# Doxologie

Gebetstexte der Orthodoxen Kirche

Herausgegeben von
Anastasios Kallis

Band V

# ΑΚΟΛΟΥΘΙΑ
# ΤΟΥ ΣΤΕΦΑΝΩΜΑΤΟΣ
## ἤτοι
# ΤΟΥ ΓΑΜΟΥ

# GOTTESDIENST
# DER KRÖNUNG
# (TRAUUNG)

Griechisch - Deutsch

Herausgegeben
von
Anastasios Kallis

Theophano Verlag Münster

**Titelbild**

Die Hochzeit zu Kana (Ausschnitt).
Fresko, Kalenić (Jugoslawien),
Muttergottes-Kirche (um 1410).

Zur Sinndeutung s. unten S. VI-VIII

Gefördert vom Ministerium für Arbeit, Soziales
und Stadtentwicklung, Kultur und Sport des Landes
Nordrhein-Westfalen

ISBN 3-9806210-7-3
© 2000 Theophano Verlag Münster
Umschlaggestaltung: Klaus Kallis
Gesamtherstellung: Druckwerkstatt Hafen GmbH, Münster

# Inhalt

# Sinndeutung des Titelbildes

## Das Wunder zu Kana

### Eine Hochzeit in der Perspektive der Hochzeit des Lammes

Als Grundlage für das abgebildete Fresko der Hochzeit zu Kana dient dem Ikonenmaler der Bericht des *Evangelisten Johannes* (2,1-12), den er im Kontext landesüblicher Bräuche seiner Zeit (15. Jh.) darstellt.

Im Mittelpunkt des Bildes stehen nicht die Personen und Gegenstände, die direkt das Wundergeschehen betreffen, das den Beginn der „Zeichen" Jesu markiert, sondern das Brautpaar, das mit der dahinterstehenden Person, die ihnen den *gemeinsamen Kelch* reicht, eine geschlossene, in sich ruhende Einheit darstellt, die durch die Farben, die Gewänder und die Körperhaltung einen transzendentalen Eindruck vermittelt. Ihre Blicke sind dialogisch orientiert, aufeinandergerichtet, während die anderen Personen – der neben der Braut sitzende Trauzeuge und der Brautvater wie auch die Diener – sich auf das Gespräch zwischen Christus und seiner Mutter konzentrieren: „Und als der Wein ausging, sagte die Mutter Jesu zu ihm: Sie haben keinen Wein. Jesus sprach zu ihr: Frau, was mischst du dich in mein Werk? Meine Stunde ist noch nicht gekommen" (Joh 2,3-4).

Die Interpretation des aus Wasser entstandenen Weins in den sechs steinernen Krügen als Symbol des auf Golgota vergossenen Blutes Christi liefert den theologischen Hintergrund für die Anlehnung an den heidnischen Brauch der

*„Blutsbrüderschaft"* zur Betonung der innigen ehelichen Gemeinschaft: Der Bräutigam streckt die Hand zum Messer hin, um mit ihm den Zeigefinger, den ihm seine Braut entgegenhält, zu ritzen. Der mit Wein und Blutstropfen des Brautpaares gefüllte Kelch symbolisiert somit nicht nur die Gemeinschaft der Eheleute miteinander, sondern im eucharistischen Sinn auch mit Christus.

Der liturgisch-literarische Bezug für diese Hindeutung des Kana-Weins auf das Golgata-Blut Christi läßt sich in einem Lied aus dem Kanon des *Karfreitag-Morgengottesdienstes* erkennen, in dem die Mutter Christi auf seinem Opferweg ihn fragt:

„Wohin gehst du, mein Kind?
Wem zuliebe gehst du den eiligen Weg?
Gibt es vielleicht wieder eine Hochzeit zu Kana
und eilst du nun dorthin,
ihnen aus Wasser Wein zu schaffen?"

In einer landes- und zeitbedingten Prägung unterstreicht die Darstellung die eucharistisch-soteriologische Dimension der kirchlichen Trauung, die ein kirchestiftendes Ereignis darstellt.

# EINFÜHRUNG

## 1. Der liturgische Standort der Trauung

Die liturgischen Bücher sehen als Standort für den Gottesdienst der Trauung die Zeit nach der Göttlichen Liturgie vor
(s. unten S. 2/3). Dies bedeutet eine Verlagerung der Feier
des Mysteriums der Eheschließung aus seinem eucharistischen Kontext, in dem er früher stand, wie die Weihen zum
Diakon, Priester und Bischof, die auch heute während der
Eucharistiefeier gespendet werden. Eine Reminiszenz an die
altkirchliche Tradition ist auch der Brauch, die Eheringe vor
der Trauung auf den Altar zu legen (s. ebd.).

Die Loslösung der Trauung aus der eucharistischen Liturgie
ist in der Entwicklung des Verhältnisses von Kirche und
Staat im byzantinischen Reich begründet, in dem seit dem
6. Jahrhundert die Tendenz aufkam, Zuständigkeiten des
Staates auf die Kirche zu übertragen.

Die entscheidende Wende erfolgte zu Beginn des 10. Jahrhunderts, als Kaiser *Leon VI. der Weise* (886-912) zur
Überwindung der juristisch-formalistischen Handhabung
der Adoption und der Eheschließung im Reich 895 durch
Gesetz beides in die Zuständigkeit der Kirche legte (No-
velle 89).

Diese gesellschaftliche Aufwertung der byzantinischen Kirche, deren Ehe-Moral für die freien Bürger des Reiches
formal verbindlich wurde, hat sich auf die Trauungspraxis
der orthodoxen Kirche verhängnisvoll ausgewirkt, die zur

Bewältigung von rechtlichen Angelegenheiten, die früher in der Zuständigkeit der staatlichen Administratur lagen, Kompromisse schließen mußte, die eine Säkularisierung der kirchlichen Trauung bedeuteten. Schon aus pastoraler Fürsorge konnte die Kirche ihre kanonische Ordnung nicht auf alle Bürger anwenden, die ordnungsgemäß eine Ehe eingehen wollten, denn die Ablehnung der Ehesegnung oder die Auferlegung einer Buße konnte gesellschaftliche und berufliche Konsequenzen mit sich ziehen. Der Kaiser selbst führte den Inhalt seiner Ehe-Novelle ad absurdum, als er 906 mit dem Segen eines Priesters namens *Thomas* in vierter Ehe *Zoe Karponopsina* heiratete. Damit löste er den sogenannten *Tetragamiestreit* aus, der nicht nur die Kirche Konstantinopels in Unruhe versetzte, sondern auch ihr Verhältnis zu Rom belastete, da der Papst unter Mißachtung des kanonischen Rechts der Ostkirche dem Kaiser Dispens erteilt hatte.

Da nicht alle Brautpaare, die die Kirche trauen mußte, würdig waren, die Kommunion zu empfangen, die im Sinne des christlichen Eheverständnisses die Besiegelung ihres Bundes vor Gott bedeutete, schuf die Kirche einen gesonderten Trauungsgottesdienst, in dem der *eucharistische Kelch* durch den *gemeinsamen Kelch* abgelöst wurde, der den Sinn der Ehesegnung verlagerte. Denn unabhängig von seiner symbolischen Sinndeutung als Zeichen des gemeinsamen Anteils der Eheleute an Freud und Leid ihres Lebens stellt er eine Art *Antidoron* - gesegnetes Brot an Stelle der eucharistischen Gaben - dar.

Seltsam mutet schließlich der Umstand an, daß die Sklaven, die immerhin über die Hälfte der Bevölkerung des Reiches bildeten, weiterhin zwei Jahrhunderte lang das Sakrament der Ehe mit der Kommunion und nicht in einem gesonderten Gottesdienst empfingen. Erst Kaiser *Alexios I. Komnenos* (1081-1118) ordnete 1098 an, daß auch die Ehen der Sklaven eingesegnet werden mußten (Novellen 35 A u. B).

Noch im 15. Jahrhundert kennt der Metropolit von Thessaloniki *Symeon* († 1429) die Verbindung der Ehesegnung mit der Eucharistie: „Und sofort danach nimmt der Priester den heiligen Kelch mit den vorgeweihten Gaben und ruft: ‚Die heiligen vorgeweihten Gaben den Heiligen'... Dann gibt der Priester die Kommunion den Verlobten, wenn sie deren würdig sind. In Wahrheit müssen sie ja bereit sein zum Empfang der Kommunion, damit ihre Krönung würdig sei und ihre Ehe richtig. Denn die heilige Kommunion ist die Vollendung jedes Sakraments und das Siegel jedes Mysteriums... Danach gibt der Priester ihnen ebenfalls den gemeinsamen Kelch zum Trinken, und man singt den Hymnus ‚Ich will den Kelch des Heils nehmen und den Namen des Herrn anrufen' (Ps 115,4 [116,13])" (de matrimonio 7: PG 155, 512C-513A).

Auf diese Tradition der Darreichung beider Kelche geht die Beibehaltung dieses Kommunionshymnus in den griechischen liturgischen Büchern auch für den gemeinsamen Kelch allein zurück. Dies ist allerdings deplaziert und entstellt den Sinn der liturgischen Handlung, weshalb der Hymnus in diese Ausgabe nicht aufgenommen worden ist.

## 2. Von der Einsegnung zur Krönung

Der römische Staat, in dessen Rechtsbereich das Christentum als neue Religion auftrat, betrachtete die Ehe als einen Vertrag, der zwischen zwei freien, geschlechtsverschiedenen Partnern im gegenseitigen Einverständnis geschlossen wurde. Der klassische Rechtsgrundsatz, der auf das Eherecht europäischer Kultur einen grundlegenden Einfluß ausgeübt hat, lautete: *nuptias non concubitus sed consensus facit* (Es ist nicht die Beiwohnung, sondern der Konsens, der die Ehe zustande kommen läßt; Digesten XXXV 1,15). Als ein Vertrag zwischen zwei freien Personen bedürfte die Ehe für ihre Gültigkeit nicht der Mitwirkung einer dritten Person oder einer Institution. Die vom Staat geforderte Registrierung betraf weniger den Rechtsakt selbst, sondern vielmehr die rechtlichen Konsequenzen, vor allem infolge auftretender Differenzen zwischen den Ehepartnern und der Auflösung des Ehevertrages.

Diesen Rechtsstatus der Ehe, der gegenüber anderen Zivilisationen einen bedeutenden Fortschritt vor allem im Hinblick auf die Emanzipation der Frau bedeutete, hat die Kirche als Rechtsrahmen bejaht, für den sie sich ohnehin nicht zuständig fühlte. In seiner um 177 an Kaiser *Mark Aurel* (161-180) gerichteten Schrift versichert der Apologet *Athenagoras*: „Jeder von uns betrachte die Frau als die seine, mit der er sich nach euren Gesetzen verheiratet" (leg. 33). Diese Haltung der Christen bestätigt auch die an einen unbekannten Heiden namens *Diognet* adressierte Apologie des Christentums aus der zweiten Hälfte des 2. Jahrhunderts, die erklärt: „Die Christen heiraten wie alle anderen auch" (Diogn. 5,6).

Es war allerdings naheliegend, daß die Kirche den Ehebund, den Gott selbst im Paradies gestiftet und gesegnet hat (Gen 1,28; 2,21-24) und den der heilige *Paulus* sogar als Abbild der mystischen Verbindung Christi mit seiner Kirche ansah (Eph 5,32), nicht als einen bloßen Rechtsakt betrachten konnte, sondern als einen Bund vor Gott, so daß sie den Neuvermählten ihren Segen auf dem gemeinsamen Weg gab. In diesem Sinn der Segnung durch den Bischof oder den Priester und nicht als eine kirchliche Anordnung ist auch die Empfehlung zu verstehen, die *Ignatios* von Antiocheia († nach 110) auf seiner Todesreise unter Kaiser *Trajan* (98-117) in seinem Brief an *Polykarpos* von Smyrna († ca. 166) richtete: „Es ziemt sich aber für die Leute, die heiraten und die verheiratet werden, die Vereinigung mit Zustimmung des Bischofs einzugehen, damit die Ehe nach dem Herrn sei und nicht nach Lust. Alles geschehe zur Ehre Gottes" (Polyc. 5,2).

Zu einer christlichen Hochzeitsfeier gehört nach *Johannes Chrysostomos* († 407), daß man am Tag vor der Heimführung den Priester in das Haus der Brauteltern einlädt, der „durch Gebete und Segen die Einmütigkeit des Ehebundes zusammenfügt" (hom. 48 in Gen. 25: PG 53/54,443).

Allmählich erhielten die alten Hochzeitszeremonien, die der Vater der Braut vornahm, einen kirchlich-liturgischen Charakter, wobei der Vater vom Priester abgelöst wird. So überließ man auch die Krönung der Brautleute, die schon in der griechischen klassischen Antike der Übergabe der Braut an den Bräutigam folgte, dem Priester, obschon die Sorge um seine allzu starke Einbeziehung in die heidnischen Hochzeitsbräuche aufkam. Um eine klare Linie zwischen Profanem und Religiösem bei der Hochzeitsfeier zu ziehen, meinte *Gregorios von Nazianz* († 390), der Priester möge sich mit dem Gebet begnügen und die Bekränzungszeremonie dem Vater der Braut überlassen (ep. 231: PG 37, 374CD), obgleich er sich selbst in einem Brief an *Prokopios*, dessen Tochter gerade geheiratet hatte, mehr zugesteht: „Gerne wäre ich dabei gewesen, um mitzufeiern und die rechten Hände der jungen Leute ineinanderzulegen und beider Hände in die Hände Gottes" (ep. 193: PG 37, 316C).

Es dauerte allerdings nicht lange, bis sich die priesterliche Krönung, die auch dem Hochzeitsritus den Namen gibt, mit einer christlichen Sinndeutung durchsetzt.

Aus der Beteiligung des Priesters an den familiären Hochzeitsfesten wuchs allmählich ein liturgischer Hochzeitsritus, der die Möglichkeit bot, die Hochzeitsfeier von den Mißbräuchen zu befreien, die namentlich Johannes Chrysostomos in seinen Predigten anprangerte. Die Hochzeitsliturgie war eine Eucharistiefeier mit Gebeten für das Brautpaar, oft in einer *Liturgie der Vorgeweihten Gaben*. Die Kommunion der Brautleute bedeutete die Besiegelung ihres Bundes als Gemeinschaft miteinander und mit Gott.

### 3. Die Verlobung
   Vom Vertrag zur Segnung des Heils

Als Angeld bzw. Sachgabe - in der Regel - des Bräutigams an die Braut (ἀρραβών, arrha) hatte die Verlobung in der griechisch-römischen Kulturwelt die Bedeutung einer Sachhaftung, die im Fall ihrer Auflösung durch die gebende Partei zu deren Last verfiel, während im umgekehrten Fall die empfangende Partei sie um ein Vielfaches vermehrt erstatten mußte. Zur Arrha-Gabe gehörten Geldsummen, Wertsachen und vor allem der Ring, der in einer neuen symbolischen Sinndeutung bis heute zur Verlobungsfeier gehört.

Schon als ein Rechtsakt zwischen zwei Partnern, der eine Art Kaufvertrag mit Konventionalstrafe darstellte, bedeutete die Verlobung für die Kirche eine Absicherungsmaßnahme zur Einhaltung des Eheversprechens im Sinne der christlichen Moral, zumal die Begriffe μνηστεία (das Werben, Anhalten um eine Frau) und μνηστήρ (Werber, Bräutigam) auf das Verhältnis Christus - Kirche und Bräutigam - Braut angewandt wurden. Diese Auffassung von der Treuepflicht beim einmal gegebenen Eheversprechen hat dazu geführt, daß die Verlobung einen eheähnlichen Verbindlichkeitscharakter erhielt. Dieser Entwicklung trug das byzantinische Eherecht Rechnung.

Frühestens in der zweiten Hälfte des 8. Jahrhunderts sah sich die Kirche genötigt, auch die Verlobung einzusegnen und im 10./11. Jahrhundert einen eigenen liturgischen Ritus zu entwickeln, der seit dem 15. Jahrhundert unmittelbar vor dem Trauungsgottesdienst gefeiert wird.

Nach dem heutigen Brauch wird die Verlobungszeremonie mit dem Empfang der Brautleute durch den Priester an der Kirchentür eingeleitet, der ihre Häupter mit dem Kreuzzeichen bezeichnet und ihnen brennende Kerzen reicht. Mit ihrem Einzug in die Kirche gleichen sie den Jungfrauen, „die ihre Lampen nahmen und dem Bräutigam entgegengingen" (Mt 25,1). Zugleich erinnern die Kerzenflammen an die Feuerzungen des Pfingstereignisses, die Herabkunft des Heiligen Geistes auf die Jüngerinnen und Jünger Jesu in Jerusalem am Pfingsttag (Apg 2,1-3). Die Brautleute schreiten in die Kirche zu dem Ort, an dem sie durch die Herabkunft des Heiligen Geistes bei der Einsegnung ihrer Verlobung ihr eigenes Pfingstereignis erleben.

Das *Große Bittgebet*, mit dem auch die Göttliche Liturgie eingeleitet wird, unterstreicht den ekklesiologischen Kontext, in dem die Kirche die Verlobung einsegnet, während die anschließenden *Fürbitten* für das Brautpaar auf die soteriologische Dimension ihrer Lebensgemeinschaft abzielen. Denn die vorgetragenen Fürbitten, die anscheinend Alltägliches betreffen - Liebe, Eintracht, Treue, Wohlergehen, Kindersegen - haben als gemeinsamen Nenner „alles zum Heil Erbetene" (unten, S. 4/5).

Sah der römische Staat die Verlobung als einen Rechtsakt, auf dem die Gemeinschaft von Mann und Frau gegründet wurde, erhob die Kirche sie mit ihrem Segen zu einem eschatologischen Ereignis, indem sie Gott selbst als ihren Stifter betrachtet, der in seiner Schöpfung „das Getrennte zur Einigung gebracht" hat (unten S. 8/9). In dieser theozentrischen Orientierung der angestrebten Gemeinschaft liegt der ekklesiologische Sinngehalt der Verlobung, die im

Angesicht Gottes geschlossen wird. Daher widerspiegelt auch der epikletische Bezug auf Gott als Stifter der Einigung der Brautleute die Fürbitte der *Basileios-Liturgie* für die Kirche: „Gedenke, Herr, deiner heiligen, katholischen und apostolischen Kirche, die sich von einem Ende der Erde bis zum anderen erstreckt. Schenke ihr, die du mit dem kostbaren Blut deines Christus erworben hast, Frieden und stärke dieses heilige Haus bis ans Ende der Zeiten."

Mit diesem Gedanken der ekklesiologischen Dimension der beschlossenen Gemeinschaft leitet das *zweite Gebet*, das im Brautpaar die Analogie Christus - Kirche aufstellt (unten, S. 10/11), zur *Ringzeremonie* über, die auf eine alte, schon vorchristliche Tradition zurückgeht, die allerdings nur einen Ring kannte, den der Bräutigam bei der Verlobung der Braut gab.

Galt früher bei vielen Völkern der Ring als Zeichen der Herrschaft, der Macht und des Wohlwollens, erfuhr er im Christentum eine neue Sinndeutung als Symbol der gegenseitigen Hingabe und Treueverpflichtung der Partner, die ihr Leben der barmherzigen Verheißung Gottes überantworten.

An dieser Stelle endete früher der Gottesdienst der Verlobung mit der Kommunion der Brautleute mit den vorgeweihten Gaben, wenn nicht unmittelbar darauf ihre Trauung folgte.

Das zu einer späteren Zeit hinzugefügte *dritte Gebet* (unten, S. 14/15f.) liefert an Hand vier biblischer Erzählungen eine Interpretation der *Ringzeremonie*: *Josef* wird für seine Treue zu Gott durch den Pharao belohnt, indem er aus dem Gefängnis herausgeholt, mit dem Ring des Herrschers ausgezeichnet, zum obersten Verwalter über Ägypten eingesetzt wird (Gen 41,39-52); *Daniel*, der wegen seiner Treue zum wahren Gott in die Löwengrube geworfen wird, die der König mit seinem Ring versiegelt, bleibt unversehrt und kommt zu Ehren (Dan 6,2-29); *Tamar* entgeht durch den Ring ihres Schwiegervaters der Verbrennung als vermeintliche Dirne (Gen 38,6-26); der Ring schließlich, den der barmherzige Vater dem heimgekehrten *verlorenen Sohn* gibt (Lk 15,11-32), gilt als Zeichen dafür, daß der Abgefallene freudig in die väterliche Gemeinschaft aufgenommen wird (zu den biblischen Bezügen s. unten, S. xxxviiiff.).

Das Gebet schließt mit der Bitte um den Engel des Herrn, der dem Paar alle Tage seines Lebens voranschreiten möge (unten, S. 16/17). Es geht auch hier um dasselbe Anliegen, das bei der Göttlichen Liturgie wiederholt vorgetragen wird: „Einen Engel des Friedens, einen treuen Führer, Beschützer unserer Seelen und Leiber..." Die Verlobten haben sich entschieden, „ein Fleisch" zu werden (Gen 2,24) und so durch das Leben zu wandern. Dafür brauchen sie einen Schutzengel.

## 4. Die Krönung
### Gemeinschaft des Heils

Nach der Tradition wird die Trauung mit dem Psalm 127 [128] eingeleitet (unten, S. 18/19f.), der den Weg des Brautpaares zu einem Triumphzug werden läßt. Er preist das Familienleben und das Wohlergehen der Menschen, die auf Gottes Wegen wandern. Mit seinen doxologisch-feierlichen Versen, die vom Kehrvers: „Ehre sei dir, unser Gott, Ehre sei dir!" begleitet werden, verleiht der Psalm der Hochzeitszeremonie einen majestätischen Glanz. Ursprünglich gehörte er zum israelitischen Gottesdienst in Jerusalem und wurde an großen Feiertagen beim Einzug der Tempeldiener in das Allerheiligste gesungen. Seine Aufnahme in den Trauungsritus verdankt er wahrscheinlich der Bemühung der Kirche, der Hochzeitszeremonie kaiserlicher Paare besonderen Glanz zu verleihen.

Doch der eigentliche liturgische Wandel des Psalms liegt in seiner eschatologischen Deutung, denn Zion ist der Berg der Erfüllung der Verheißung Gottes (vgl. Joh 2,19-21; Röm 11,26; Offb 14,1) und Jerusalem ein Symbol des Reiches Gottes: „Und ich sah die heilige Stadt, das neue Jerusalem, von Gott her aus dem Himmel herabkommen; sie war bereit wie eine Braut, die sich für ihren Mann geschmückt hat" (Offb 21,2).

Die *Prozessionszeremonie* bedeutet den Eintritt des Brautpaares in das Reich der göttlichen Dreieinigkeit, in dessen Namen der Ehe-Bund gesegnet wird: „Gesegnet sei das Reich des Vaters und des Sohnes und des Heiligen Geistes..." (unten, S. 20/21). Dieser Eingangssegen gibt gleich zu Beginn des Gottesdienstes der Krönung der Gemeinschaft des Brautpaares eine transzendentale Dimension, denn sie wird im Kontext der göttlichen Ewigkeit geschlossen. Daher hat in der orthodoxen Kirche die im Westen vertraute Formel „bis daß der Tod euch scheidet" keine Gültigkeit. Der leibliche Tod zerstört die Liebe nicht, „die Liebe hört niemals auf" (1 Kor 13,8).

Im Kontext dieser Ehe-Theologie ist auch völlig deplaziert die in den slawischen liturgischen Büchern überlieferte Frage des Priesters „nach dem guten und ungezwungenen Willen und dem festen Vorsatz", den anwesenden Partner zu heiraten, wie auch danach, ob die Brautleute sich keinem anderen Partner versprochen hätten. Diese Interpolation, die dem katholischen Ehe-Ritus und -Verständnis eigen ist, nach dem die Einwilligung ein wesentliches Element der Trauung bildet, geht auf den Kiewer Metropoliten *Petrus Mogilas* († 1646) zurück, den die politischen Umstände dazu gezwungen hatten, denn eine orthodoxe Ehe im katholischen Herrschaftsbereich Polens, wozu damals Kiew gehörte, wäre ohne die *Einwilligung* für den Staat nicht gültig gewesen. Darüber hinaus mutet es paradox an, daß nach der Ringzeremonie, die das gegenseitige Eheversprechen in Treue und Liebe als eine Selbstverständlichkeit voraussetzt (vgl. das Gebet des Priesters, unten, S. 14/15f.), plötzlich die Befragung nach dem *Ehekonsens* eingeschaltet wird.

Im Unterschied zu Kirchen römischer Tradition, die dem Vertragscharakter der Eheschließung besonderes Gewicht beimessen, demzufolge das Brautpaar der Spender des Ehe-Sakraments ist, sieht die orthodoxe Kirche die Trauung als ein ekklesiales Geschehen, denn es ist Gott selbst, der in der Kirche durch die Hand und den Mund seiner Diener die Ehe segnet. Dieses Bewußtsein hat in der Ostkirche eine sehr alte Tradition, die exemplarisch *Origenes* († 254) bezeugt: „Gott selbst ist es, der die zwei in eines vereint hat, so daß es keine zwei mehr sind, seit der Mann das Weib geheiratet hat. Weil aber Gott der Einende ist, so wohnt Gnade in denen, die durch Gott vereint werden" (comm. In Mt. 19,3: GCS Origenes X 323,30-324,4 Klostermann).

In dieser theozentrischen Orientierung der ehelichen Gemeinschaft ist ihr ekklesiologischer Sinngehalt begründet wie auch der Grund für den kirchlichen Segen zum Gelingen einer Liebesgemeinschaft, die eine Widerspiegelung der innertrinitarischen göttlichen Liebe darstellt. Insofern konstituiert die Ehe in der Terminologie der Kirchenväter eine „kleine Kirche", nicht so sehr als Keimzelle menschlicher Gemeinschaft, sondern als eine Einigung, die im Keim das mystische Werk der Kirche, die Heiligung des Einzelnen wie auch der Gesellschaft und der Schöpfung überhaupt in sich trägt.

Die Einbeziehung der Eheschließung in das heilsökonomische Werk Gottes, das die Kirche in der Welt erfüllt, bezeugen die sieben Hauptelemente, aus denen der Gottesdienst der Krönung besteht:

1. Großes Bittgebet
2. Drei Priester-Gebete
3. Krönung
4. Lesungen
5. Ektenie und Großes Bittgebet
6. Gemeinsamer Kelch
7. „Tanz des Jesaja".

Ähnlich wie bei der Verlobung (s. oben, S. XVI) wird mit den Fürbitten aus der Göttlichen Liturgie auch hier der ekklesiologische Rahmen abgesteckt, in dem die anschließenden Bitten für das Brautpaar folgen, deren Gemeinschaft

Gott begleiten möge, wie er zu Kana in Galiläa mit seiner Teilnahme am Hochzeitsfest die Ehe gesegnet hat.

Der Bezug auf die Heilsgeschichte und Heilserfahrung von Zeugen des Glaubens, vor allem - wegen der allegorischen Fülle - aus dem Alten Testament, prägt besonders stark die drei Gebete, die der Priester nach dem *Großen Bittgebet* spricht.

Das *erste Gebet* beginnt mit dem Hinweis auf den alttestamentlichen Schöpfungsbericht und lenkt die Aufmerksamkeit auf die Schöpfung des Mannes und der Frau und die Gründung der ehelichen Gemeinschaft durch Gott, der in seiner Menschenliebe die innertrinitarische Kraft der Liebe durch die Erschaffung der Frau als Vollendung des Menschengeschlechts zum Einungsprinzip in die Schöpfung setzt, so daß Mann und Frau „ein Fleisch werden" (Gen 2,24).

Gott gibt dem einsamen Mann die Frau als eine „Hilfe, die ihm entspricht" (Gen 2,18). In ihr erkennt er sich selbst und wird aus Individuum Person: „Das ist nun Bein von meinem Bein und Fleisch von meinem Fleisch" (Gen 2,23). In der Entdeckung der geliebten Person überwindet der Mensch sich selbst, tritt aus sich heraus und wird Teilhaber des Glücks in der Gemeinschaft, die an die Seite der heiligen Paare aus den Vorfahren Christi gestellt wird, verbunden mit der Bitte um denselben Segen, den Gott ihnen geschenkt hat. In Anlehnung an den Stammbaum Christi nach dem Matthäus-Evangelium (1,1-17) beginnt das Gebet die Heilsgenealogie mit Abraham und schließt mit dem Hinweis auf die Wurzel Jesse, aus der die Muttergottes hervorsproß, die den Erlöser des Menschengeschlechts geboren hat. An diesen fleischgewordenen Gott richtet sich das Gebet, das die Eheleute in der Christusgenealogie sieht, die sie mit ihrer Liebe zueinander und den Mitmenschen fortführen.

So erhalten die Dinge des Alltags, die physischen Gegebenheiten der ehelichen Gemeinschaft eine metaphysische Dimension, auf die das *zweite Gebet* intendiert, das mit dem Hinweis auf die Ehestiftung im Paradies durch Gott beginnt. Der Sinn der Ehe erschöpft sich nicht in ihrer biologisch-sozialen Dimension, sondern sie zielt auf das Glück und Heil der Partner, deren Verbindung ein Abbild der Gemeinschaft des Schöpfers mit seiner Schöpfung darstellt.

In diesem Sinne ist die Bitte zu verstehen, daß Gott die Brautleute segnet, wie er heilige Paare des Alten Bundes von *Mose* und *Zippora* bis *Zacharias* und *Elisabet* gesegnet hat, und sie behütet, wie er *Noah* in der Arche, *Jonas* im Bauch des Seeungeheuers und die *drei Jünglinge* vor dem Feuer behütet hat. Der transzendente Sinn dieses Bezugs auf die drei Ereignisse des Alten Testaments - Arche, Jonas, drei Jünglinge - wird ersichtlich, wenn man bedenkt, daß die Kirche sie als Symbole dreier fundamentaler Elemente ihres Glaubens interpretiert hat: ihrer Existenz, der Auferstehung und der göttlichen Dreieinigkeit. An diesen Gedanken knüpfen auch die anschließend angeführten Namen von *Henoch*, *Sem* und *Elija* an, die - da alle, ohne den Tod zu kosten, in den Himmel entrückt werden - die Himmelfahrt Christi symbolisieren. Damit erinnern sie die Brautleute an ihren aufsteigenden Weg, den ihnen die Gnade Gottes bereitet, der in seiner unermeßlichen Menschenliebe das Kreuz auf sich genommen hat. Daher soll Gott ihnen die

Freude schenken, die die heilige *Helena* erfuhr, als sie das Kreuz Christi fand. Die Erwähnung der *vierzig Märtyrer* von Sebaste schließlich, auf die Gott nach der Überlieferung Kränze herabsandte, weist auf das Ziel des Weges hin, die Krönung der ehelichen Gemeinschaft, und ist eine Anspielung auf die Zeremonie der Krönung, auf die auch das nächste, kurze Gebet hindeutet.

Zusammenfassend lassen sich vier Grundgedanken herausstellen, die alle drei Gebete beherrschen:

1. Ausgangs- und Orientierungsort der Fürbitten bilden die Schöpfung und die Heilsgeschichte. Die Verbindung von Mann und Frau ist die treue Befolgung dessen, was Gott im Paradies gestiftet hat. Daher zielt sie auf die Gemeinschaft mit Gott, die in der Heilsgeschichte im Leben heiliger Gestalten bezeugt ist.

2. Der Schwachheit des Menschen wird Rechnung getragen, doch die Ursache dafür, für den Hang zum Bösen, der Sündenfall der ersten Menschen, bleibt unerwähnt. Nicht einmal andeutungsweise läßt sich erkennen, daß die gegenseitige Zuneigung, die Anziehungskraft zwischen den Geschlechtern, deren Sinnlichkeit und Sexualität die Folge des Verlustes des paradiesischen Daseins wäre, wie eine übertriebene Askese meint. Der Hang der Kirche, das Mönchtum zu idealisieren und die Ehe als eine zweitrangige Lebensform christlicher Identität aus Nachsicht für die Schwachen zu betrachten, bedeutet eine Verfälschung der christlichen Moral.

3. Die Betrachtung des Menschen in seiner Ganzheit läßt keinen freien Raum für eine Leibfeindlichkeit. Im Gegen-

teil: die Natur und die natürlichen Bedürfnisse des Menschen bilden einen elementaren Bestandteil der Freude, die zum Fest der Trauung gehört. Noch vor der Erkenntnis der modernen Psychologie über die geist-leibliche Einheit des Menschen betet die Kirche für die „Eintracht der Seelen und der Leiber" des Brautpaares (2. Gebet, unten, S. 32/33).

4. Mann und Frau gelten als zwei ebenbürtige Partner, die in gegenseitiger Liebe und Hingabe als „ein Fleisch" leben. Die Ehe bedeutet eine neue Existenzweise in Achtung und Respekt vor der Würde des Partners, der ein existentieller Bestandteil der eigenen Identität ist. Daher ist eine wertrelevante Unterscheidung der Geschlechter zu Lasten der Frau fehl am Platz und ein Anachronismus, der dem christlichen Glauben nicht entspricht. Die der Epistellesung entnommene Bitte, „laß diese Magd in allem ihrem Mann untertan und diesen deinen Knecht das Haupt der Frau sein" (ebd., S. 30/31), die einen Widerhall der benachteiligten sozialen Lage der Frau in der damaligen Zeit darstellt, bedeutet einen Widerspruch zum Sinngehalt und Duktus der Gebete. Da sie zudem losgelöst vom paulinischen Kontext eine noch stärkere Herabsetzung der Frau in der Ehe bedeutet, darf sie der Frau nicht zugemutet werden.

Mit der *Zeremonie der Krönung* erreicht die Feier der Trauung ihren Höhepunkt, wenn der Priester die Kränze bzw. Kronen - das griechische Wort στέφανος bedeutet sowohl Kranz wie Krone, die je nach Tradition oder Stand benutzt werden - auf die Köpfe der Brautleute setzt und den feierlichen Segen spricht: „Herr, unser Gott, mit Herrlichkeit und Ehre kröne sie." Diese Worte vergegenwärtigen die Würde des Menschen vor dem Sündenfall, die der Psalmist in Verbindung mit der Herrlichkeit des Schöpfers besingt (Ps 8).

Die Segnung der Brautleute wird in Beziehung gesetzt zum Segen Gottes für das erste Menschenpaar im Paradies und zur Vollendung des Menschengeschlechts am Ende der Zeiten im neuen Jerusalem (vgl. Offb 21,10-11). Die Krönung, die der Mensch am Ende des „guten Kampfes" als göttliche Belohnung (2 Tim 4,7-8) erhält, gilt in der Trauung als eine Art eschatologisches Angeld, denn die Krönung ist dem wiederkehrenden Christus vorbehalten (1 Petr 5,4).

Die Zuordnung der Ehe in das Mysterium der Heilsökonomie betonen auch die biblischen Lesungen, die dem Neuen Testament entnommen sind. Beide Perikopen verbindet der Gedanke der entscheidenden Wende der Heilsgeschichte.

Die Epistellesung (Eph 5,20-33) geht über die Gebete hinaus, wenn sie die Einheit von Mann und Frau nicht mit der Einheit von Abraham und Sara vergleicht, sondern mit Christus und der Kirche. Dabei ist aufschlußreich, daß die Ehe nicht als ein Bild zum Verständnis des Christus-Kirche-Mysteriums angewandt wird, sondern als dessen Nachahmung in Analogie zu der innigen, mystischen Verbindung zwischen Christus und der Kirche, die in ihrer Einheit miteinander Archetypen von Mann und Frau sind: Die Ehepartner werden „ein Fleisch" (Gen 2,24), wie auch die Kirche mit Christus ein Leib ist (vgl. 1 Kor 6,15-16). Insofern steht die Christus-Kirche-Einheit auch als Urbild für die Einheit der als Mann und Frau erschaffenen Menschen. Das Staunen Adams in Anbetracht Evas - „das ist nun Bein von meinem Bein und Fleisch von meinem Fleisch" (Gen 2,23) - ist das Urerlebnis, das sich seitdem wiederholt, sobald ein Mensch den Partner seines Lebens findet. Standen die Ehen des Alten Bundes im Zeichen der messianischen Erwartung, bilden nun die Ehen im Neuen Bund den Ausdruck der Erfüllung, der Verbindung des Messias Jesus mit der Kirche. Das ist der tiefere Sinn der christlichen Ehe, die ihre Parallele in der Liebe Christi zu der Kirche hat, für die er sich hingegeben hat (Eph 5,25). Dies kann man heute nicht nur für die Hingabe des Mannes zu der Frau sagen, sondern auch für die der Frau zu ihrem Mann.

Die geschlechtsspezifische Differenzierung des Apostel *Paulus* widerspiegelt den soziokulturellen Kontext seiner Zeit, in der die Frau dem Mann untertan war. Dies kann aber heute keine Gültigkeit haben, denn das Urbild des Mannes, Christus, ist der Erretter des Leibes, der Kirche, was im Hinblick auf das Verhältnis Mann - Frau keine Gültigkeit hat. Bei allen Versuchen der Theologie - von den Kirchenvätern bis zu zeitgenössischen Theologen -, für den letzten Vers der Epistellesung - „jeder liebe seine Frau wie sich selbst, die Frau aber ehre den Mann" (Eph 5,33) - den Eindruck einer Benachteiligung der Frau zu zerstreuen, läßt sich hier doch das Faktum der Unterordnung der Frau unter den Mann, die der damaligen Lage entspricht, nicht von der Hand weisen. Das Unbehagen, das eine aufmerksame Hochzeitsgemeinde befällt, ist auch nicht neu. Dies belegen schon die exegetischen Bemühungen der Kirchenväter wie auch die handschriftliche Überlieferung. So läßt z. B. der Kodex von Sinai 981 aus dem 14. Jahrhundert den letzten Vers aus, während der Kodex des Panteleimonos-Klosters vom Athos aus dem 16. Jahrhundert zu dem Vers bemerkt: „Das ist dem Herrn und seinen Engeln recht und gefällig!" Angesichts dieser Problematik erscheint mir die vorgeschlagene Alternativlesung (s. unten, S. 40/41f.) für angebracht. Konsequent dazu sollte man auch das Epheser-Zitat im zweiten Krönungsgebet auslassen (unten, S. 30/31).

An dieselbe Parallele der Epistellesung schließt die Lesung aus dem Johannesevangelium (Joh 2,1-11) mit der Perikope der *Hochzeit zu Kana* an. Das Alte Testament verwendet vielfach die Ehe eines Mannes mit einer Frau als Bild für die Gemeinschaft Gottes mit seinem Volk. Dieser alttestamentliche Typos, mit dem nach dem *Evangelisten Johannes* Christus sein Wunderwirken einleitet, findet im Neuen Testament seine Erfüllung in dem neuen Bund des Logos Gottes mit seiner Kirche. Wenn auch die Gebete in Abwehr einer falsch verstandenen Askese bzw. im Kampf gegen ehefeindliche Irrlehrer die Teilnahme Christi, seiner Mutter und seiner Jünger an einem Hochzeitsfest als Beleg für die moralische Legitimität der Ehe anführen, liegt doch der tiefere Sinn in der Überwindung des alttestamentlichen Gesetzes: die Verwandlung des Reinigungswassers zum Wein der Freude. Ein formal-gesetzliches Ritual wird zum Zeichen eines neuen Lebens umfunktioniert, das das durch den Wein symbolisierte Blut Christi schenkt (vgl. oben, S. viif.). Darin liegt auch der tiefere Sinn der christlichen Ehe, die eine biologisch-gesellschaftliche Einrichtung zu einem eucharistischen Heilsereignis verwandelt.

Für diesen Verwandlungsprozeß bittet die Hochzeitsgemeinde in den anschließenden Bitten, deren zentraler Gedanke die Bewahrung einer „unbefleckten Ehegemeinschaft" ist. Das Wunder der Verklärung des Eros in Liebe ist ein gefährdetes Geschenk, das beschützt und immer wieder neu im Alltag des Lebens errungen werden muß. Es geht hier nicht um die „Sünden des Fleisches", um die „Leidenschaft der Sexualität", sondern um die „Sünde des Geistes" gegen das Fleisch, die den Ehebund aus den Angeln hebt, indem sie seine Grundlagen zerstört.

Zur Stärkung der Gemeinschaft als eine Art Wegzehrung reichte früher die Kirche hier den Neuvermählten die Kommunion. Auf diese Weise wird zum einen die Parallele Bräutigam - Braut zu Christus - Kirche deutlich und zum anderen der eucharistische Sinngehalt der Vereinigung von Mann und Frau im Mysterium der Ehe. Der *gemeinsame Kelch*, der in einer späteren Phase teilweise neben der Kommunion gereicht wurde, hat heute den *eucharistischen Kelch* gänzlich abgelöst. Der Kommunionshymnus: „Ich will den Kelch des Heils nehmen und den Namen des Herrn anrufen" (Ps 115,4 [116],13), der nach den griechischen liturgischen Büchern hier gesungen wird, ist, wie auch die ältere handschriftliche Überlieferung belegt (vgl. Panajotis Trembelas, Μικρὸν Εὐχολόγιον, Athen 1950, I. 68), deplaziert, denn es geht nicht um den „Kelch des Heils", sondern um den gemeinsamen Kelch, der die ungeteilte Teilhabe des Paares an Freud und Leid ihres gemeinsamen Lebens versinnbildlicht, das in der Dimension der Zeitlosigkeit und Totalität steht.

Dies symbolisiert der kreisförmige, dreimalige *„Tanz des Jesaja"* (s. unten, S. 58/59f.), der von Gesängen begleitet wird, die auf das Heil des Menschen hindeuten, das mit der Geburt des Emanuel aus der Jungfrau begonnen hat. Daher werden die heiligen Märtyrer angerufen, die Zeugen des Reiches Gottes, in deren Reihe das Paar gestellt wird.

Die Trauung schließt mit der Entlassung, die an die Barmherzigkeit Gottes und die Fürbitten der Heiligen appelliert, die das gekrönte Paar begleiten mögen, damit sie bei der „Hochzeit des Lammes" mit unbefleckten Kränzen teilnehmen können (vgl. Offb 19,7-9).

In dieser Perspektive folgt schließlich die *„Abnahme der Kränze"*, die schon durch den vorausgegangenen Segen eingeleitet wird: „Hebe ihre Kränze in deinem Reich auf..." (unten, S. 68/69f.). Nach den liturgischen Büchern sollte dieser Ritus am „achten Tag" vorgenommen werden. Die handschriftliche Überlieferung belegt zwei Variationen: Der Priester begleitet die Vermählten bis zu ihrer Wohnung und nimmt dort die Kränze ab, bevor das Hochzeitsfest beginnt, oder nach drei, sieben oder acht Tagen besucht der Priester das Paar in seiner Wohnung und spricht ein Gebet (vgl. P. Trembelas, a. a. O. 26f.). Die Begleitung der Gekrönten bis zu ihrer Wohnung bzw. die nachträgliche Zeremonie entspricht dem Sinngehalt der Krönung, indem sie ihren Abschluß durch die Einführung des gekrönten Paares als Gebieter in seinem Haus in eine neue Existenzweise findet.

## 5. Barmherzigkeit gegen Rigorismus
### Die Einsegnung einer zweiten und dritten Ehe

Die Ehe ist keine Lebensabschnittspartnerschaft, sondern ein ekklesiologisches Ereignis in der Dimension der Zeitlosigkeit. Dieses Ideal ist allerdings keine legalistische Norm, die um jeden Preis verteidigt werden muß, sondern ein Gebot, das oft wie auch andere Postulate verletzt wird. Aus Rücksicht auf die Schwachheit des Menschen, der versagen oder sich irren kann, zeigt die orthodoxe Kirche in Nachahmung der göttlichen Barmherzigkeit Nachsicht, sie übt, wie es heißt, Oikonomia und segnet eine zweite und dritte Ehe ein auch zu Lebzeiten des geschiedenen Partners. Sie gibt dem Menschen eine neue Chance, sein Glück zu verwirklichen. Er wird für das Scheitern seiner Ehe nicht mit einer Einsegnung seiner neuen Ehe belohnt, sondern als Sünder aufgenommen, für den eine Zeit der Buße vorgesehen ist, die sich bis auf die Form der Einsegnung erstreckt, wie auch die beiden Anordnungen zeigen, die den liturgischen Formularen für die Einsegnung einer zweiten und dritten Ehe vorangestellt sind:

### a) Vorschrift der Patriarchen von Konstantinopel Nikephoros des Bekenners († 828)

*„Wer eine zweite Ehe eingeht, wird nicht gekrönt, vielmehr wird ihm die Buße auferlegt, sich zwei Jahre der Kommunion zu enthalten; wer eine dritte Ehe eingeht, fünf Jahre."*

## b) Aus den Antworten des seligen Niketas, Metropolit von Herakleia († ca. 1100), auf die Anfragen des Bischofs Konstantinos

*„Bei genauer Einhaltung der Kanones ist es nicht Gewohnheit, diejenigen, die eine zweite Ehe eingehen, zu krönen. Aber die Gewohnheit der Großen Kirche [Konstantinopel] befolgt dies nicht, sondern setzt auch denen, die eine zweite oder dritte Ehe eingehen, die bräutlichen Kränze auf, und niemand ist deshalb jemals getadelt worden. Doch werden sie für ein oder zwei Jahre von der heiligen Kommunion ausgeschlossen. Aber es ist dem Priester, der sie gesegnet hat, nach dem 7. Kanon der Synode von Neokaisareia nicht gestattet, mit ihnen zu speisen.“*

Der zitierte Kanon von *Neokaisareia* (zwischen 314 und 325) zeigt deutlich, daß in der alten Kirche zwar die zweite Ehe aus Nachsicht für die Schwachheit des Menschen geduldet wurde, aber doch als ein unausweichliches Übel galt. Im vierten Jahrhundert wurde die Wiederverheiratung als „Polygamie" oder sogar „Unzucht" angesehen, wie *Basileios der Große* († 379) in seinem Kanon 4 schreibt und fordert, daß derjenige, der eine zweite Ehe eingeht, für ein oder zwei Jahre von der Kommunion ausgeschlossen wird, für drei, vier oder fünf Jahre für den Fall einer dritten Ehe (Kanon 4).

Das Schwanken zwischen einer rigorosen Einhaltung der Kirchenordnung und einer weitgehenden Handhabung der Oikonomia, der Krönung auch einer zweiten und dritten Ehe, dauert bis zum 9. Jahrhundert, als die kirchliche Trauung die Zivilehe ablöste und damit sich selbst vom eucharistischen Kontext (s. oben, S. ixf.). In seiner bekannten Strenge und der Amtskirche gegenüber kritischen Haltung tritt *Theodoros Studites* († 826) dafür ein, daß die Kirche nur die erste Ehe einsegnet, während diejenigen, die zum zweiten, dritten und öfteren Mal heiraten, sich mit der weltlichen bzw. zivilrechtlichen Regelung begnügen sollten (ep 1,50; PG 99, 1093C). Doch seine Briefe zeigen, daß der heilige Theodoros mit seiner Forderung auf verlorenem Posten stand (ep 1,50; 2,191.201: PG 99, 1089A; 1096C; 1581C-1581D. 1616A-C). Der *moichianische Streit* (von μοιχός = Ehebrecher), der sich entzündete, als Kaiser *Konstantinos VI.* 795 seine Frau Maria in ein Kloster verbannte und Theodote, die Hofdame seiner Mutter Eirene, heiratete, demonstriert die Schärfe der Auseinandersetzung zwischen einer strengen Orthodoxie und einer flexiblen Handhabung der Oikonomia. Der Streit endete zugunsten der eingekerkerten Äbte *Platon* von Sakkudion und seines Neffen *Theodoros Studites*, die wieder freikamen, und mit einem Bauernopfer, der Absetzung des Priesters *Josef*, der die umstrittene Ehe eingesegnet hatte. Nach Theodoros Studites hat sich die Praxis der Einsegnung einer zweiten und dritten Ehe seit der dritten Heirat des Kaisers *Konstantinos V.* (741-775) durchgesetzt (ep 1,50: PG 99, 1093C).

Dagegen hat die Kirche die vierte Ehe entschieden abgelehnt. Die vom Papst dispensierte vierte Ehe des Kaisers *Leon VI.* (s. oben, S. x) hat sogar zu einem Schisma zwischen Rom und Konstantinopel geführt. Die *Unionssynode* von Konstantinopel (920) am Ende des *Tetragamiestreites* untersagte in ihrem *Tomus unionis* gänzlich die Einsegnung einer vierten Ehe und verbot den in vierter Ehe Lebenden, die Kirche überhaupt zu betreten. Aus Nachsicht mit der Schwäche des Menschen gestattet sie die dritte Ehe mit Einschränkungen und Auflagen, die alters- und familienmäßig differenzieren.

Der Hinweis des *Niketas von Herakleia* auf „die Gewohnheit der Großen Kirche" legt die Vermutung nahe, daß die Rücksicht des Konstantinopler Patriarchats auf die Wünsche des Hofes zur Ausbildung einer milderen Haltung der Kirche führte. Es wäre allerdings weit gefehlt, daraus zu schließen, daß die Wiederheirat in der orthodoxen Kirche keine theologische, sondern eine politische Entscheidung sei, erzwungen durch die byzantinischen Kaiser, denn die barmherzige Haltung der orthodoxen Kirche geht auf eine Zeit zurück, in der die römischen Kaiser die Kirche als eine staatsfeindliche Institution ansahen und daher auch verfolgten.

Die pastorale Problematik von Verwitweten und an ihren Ehen gescheiterten Menschen hat die Kirche im Laufe der Zeit unterschiedlich geregelt, und zwar nicht nach legalistischen Prinzipien, sondern aus der zweifachen Sorge heraus, dem Menschen zu helfen, ohne den Sinngehalt der christlichen Ehe grundsätzlich zu tangieren. Doch die aus dieser Sorge resultierende Einschränkung der Wiederheirat widerspricht dem Prinzip der Oikonomia, denn es ist nicht einsichtig, inwiefern nach einer selbstverschuldeten Ehescheidung eine dritte Ehe pastoral sinnvoll sein sollte, nicht aber eine weitere für einen schuldlos Geschiedenen oder Verwitweten.

Die *Epitimien*, die Bußanordnungen der alten Kirche haben keinen satisfaktorischen Charakter, sondern sind Erziehungsmaßnahmen, die den Verirrten den Weg zur Gemeinschaft ebnen sollen. Der Ausschluß von der Kommunion war zur Zeit des heiligen Basileios des Großen keine seltene Ausnahme, die nur im Fall der Heirat Geschiedener angewandt wurde. Daher versteht sich von selbst, daß in einer Zeit, in der die Einsegnung der Ehe, die mit der Eucharistiefeier verbunden war und mit dem Empfang der Kommunion zum Abschluß kam, die kirchliche Einsegnung während der Bußzeit nicht möglich war. Mit der Zulassung zur Kommunion wurde die als ein ziviler Vertrag geschlossene Ehe als christlich anerkannt.

Die spätere Entwicklung, die Buße und Freude liturgisch miteinander verbindet und die geltende Form der orthodoxen Eheschließung ist, bedeutet einen Spagat, der auf eine neue pastorale Regelung drängt. Denn es ist paradox, Brautleute, die in die Reihe der Dirne Rahab (Hebr. 11,31), des Zöllners (Lk 18,9-14) und des reuigen Räubers (Lk 23,40-43) gestellt werden und für die um Vergebung ihrer Sünden gebetet wird (s. unten, S. 84/85), zu krönen. Wenn die Wiederheirat eine neue Chance sein soll, ist sie doch ein freudiges Ereignis und kein Bußgang. Dies gehört nicht zum Hochzeitsfest, sondern - wenn überhaupt - in eine Vorbereitungsphase auf dem Weg zur Krönung hin, die nicht unter dem Schatten der Sünde steht, sondern im Licht der Herrlichkeit Gottes, dessen Güte und Menschenliebe erschienen ist. „Er hat uns gerettet - nicht weil wir Werke vollbracht hätten, die uns gerecht machen können, sondern aufgrund seines Erbarmens - durch das Bad der Wiedergeburt und der Erneuerung im Heiligen Geist" (Tit 3,4-5).


## 6. Eine vergessene Tradition
   ## Die Krönung in eucharistischer Schau

Die Rubriken der gebräuchlichen liturgischen Bücher widerspiegeln in schwachen Umrissen den liturgischen Zusammenhang zwischen Trauung und Eucharistie, indem sie davon ausgehen, daß der Trauungsgottesdienst unmittelbar nach der Göttlichen Liturgie gefeiert wird, denn der Priester hält sich noch im Altarraum auf (s. unten, S. 2/3). Doch selbst dieser Hinweis ist schon längst überholt, denn der Zeitpunkt der Krönung wird nach anderen Kriterien festgelegt, die den gesellschaftlichen Teil des Festes betreffen. Schon die Teilnahme Christi an einem fröhlichen Hochzeitsfest, dessen Gäste ausgiebig getrunken hatten, dürfte auch den strengsten Asketen überzeugen, daß zur Hochzeit auch das gesellige Fest gehört. Davon gehen auch die Kirchenväter aus, wenn sie in bestimmten Fällen die Teilnahme des Priesters nicht für angebracht halten. Dies darf allerdings nicht dazu führen, daß die kirchliche Trauung selbst zum Bestandteil dieser Geselligkeit wird oder zu einer Formalie, die eben zu einer „richtigen" Hochzeit gehört.

Im Hinblick auf eine zeitgemäße Ehepastoral kommt die Kirche nicht umhin, sich an ihrer alten Tradition zu orientieren und in einer liturgischen Reform den inneren Zusammenhang zwischen Trauung und Eucharistie wiederherzustellen. Dabei geht es nicht um eine formale, zeremonielle Konstruktion, sondern um die Neugewinnung der Sinndeutung der Einzigartigkeit der christlichen Ehe, die ein „Großes Mysterium" darstellt (Eph 5,32). Dies setzt allerdings voraus, daß die Kirche den Mut aufbringt, die Voraussetzungen für die Einsegnung der Ehe, die Ehescheidung und Wiederheirat nach ausschließlich eigenen Kriterien, die dem christlichen Eheverständnis entsprechen, festzulegen, und in einer katechetischen Pastoral vorerst den gebräuchlichen Ritus dem Kirchenvolk zugänglich macht.

Dazu will diese Ausgabe einen Beitrag leisten in einer westlichen Orthodoxie östlicher Identität, damit sie in der Tat aus der Liturgie lebt und auferbaut wird.

Die Aufnahme schließlich der „Gottesdienste der Verlobung und Krönung in Verbindung mit der Göttlichen Liturgie (nach alter Tradition)" aus dem *Archieratikon* (Bischofsbuch) der Kirche von Griechenland will eine Möglichkeit bieten, das Mysterium der Krönung in seinem liturgischen Kontext zu feiern, der heiligen Eucharistie, auf die alle Mysterien der Kirche hingeordnet sind.

---

Zum Verständnis der Ehe aus orthodoxer Sicht vgl. auch *A. Kallis*, Brennender, nicht verbrennender Dornbusch. Reflexionen orthodoxer Theologie, Münster 1999, 195-221 und die dort (581-582) angegebene Literatur.

# NAMEN UND BEGRIFFE

## Abraham und Sara

Nach den Erzählungen von Gen 11,10-25,11 ist Abraham der älteste der drei Patriarchen (Erzväter), der als Urbild des Glaubens und der Zuversicht auf Gott gilt. Als Beleg für seine Hoffnung dient auch, daß ihm als Hundertjährigem seine neunzigjährige Frau Sara nach langer Unfruchtbarkeit einen Sohn, Isaak, gebärt: „Gegen alle Hoffnung hat er voll Hoffnung geglaubt, daß er der Vater vieler Völker werde, nach dem Wort: So zahlreich sollen deine Nachkommen sein (Gen 15,5). Und er wurde nicht schwach im Glauben, als er auf seinen eigenen Leib sah, der schon erstorben war, weil er fast hundertjährig war, und auf den erstorbenen Mutterschoß der Sara. Er zweifelte nicht an der Verheißung Gottes durch Unglauben, sondern wurde stark im Glauben und gab Gott die Ehre, fest davon überzeugt: was Gott verheißt, das kann er auch tun" (Röm 4,18-21).

## Anna → Joachim und Anna

## Apolytikion

Kurzes kirchliches Gedicht, das in knapper Form den Inhalt eines Festes wiedergibt und am Ende der liturgischen Feier steht. Der Name geht darauf zurück, daß mit diesem Gesang die Apolysis (griech.: ἀπόλυσις = Entlassung) eingeleitet wird.

## Asenat → Josef und Asenat

## Daniel

Nach den Erzählungen des Danielbuches (Dan 6,2-29) veranlassen neidische Höflinge, daß der König Darius eine Bestimmung erläßt, gegen die Daniel in Treue zu seinem wahren Gott verstoßen mußte: „Darauf befahl der König, Daniel herzubringen, und warf man ihn zu den Löwen in die Grube... Und man nahm einen großen Stein und wälzte ihn auf die Öffnung der Grube. Der König versiegelte ihn mit seinem Ring und den Ringen seiner Großen, um zu verhindern, daß an der Lage Daniels etwas verändert wurde" (Dan 6,17-18). Doch die Löwen taten ihm nichts zuleide. In Anbetracht des Wunders ließ der König Daniel frei und die Neider den wilden Tieren zum Fraß vorwerfen.

## Ektenie

Vom griechischen ἐκτενής (ausgedehnt, heftig, reichlich). Bezeichnung für ein umfassendes und eindringliches Bittgebet, das der Diakon spricht. Die in Anlehnung an den kirchenslawischen Sprachgebrauch geläufige Verwendung des Begriffs für alle Fürbitten, die der Diakon vorträgt, ist nicht korrekt; die Bezeichnungen „kleine" und „große Ektenie" stellen einen begrifflichen Widerspruch dar.

## Elisabet → Zacharias und Elisabet

## Isaak und Rebekka

Im Bericht über die Brautwerbung (Gen 24) schildert der Großknecht Abrahams, wie Gott ihm Rebekka als die passende Frau für Isaak offenbart: „So kam ich heute an die Quelle und sagte: Herr, Gott meines Herrn Abraham, laß doch die Reise gelingen, auf der ich mich befinde. Da stehe ich nun an der Quelle. Kommt ein Mädchen aus der Stadt heraus, um Wasser zu schöpfen, dann will ich sagen: Gib mir doch aus deinem Krug ein wenig Wasser zu trinken! Sagt sie zu mir: Trink nur! Auch für deine Kamele will ich schöpfen!, so soll es die Frau sein, die der Herr für den Sohn meines Herrn bestimmt hat. Kaum hatte ich so zu mir gesagt, kam auch schon Rebekka mit dem Krug auf der Schulter heraus, stieg zur Quelle hinunter und schöpfte. Ich redete sie an: Gib mir doch zu trinken! Da setzte sie geschwind ihren Krug ab und sagte: Trink nur! Auch deine Kamele will ich tränken. Ich trank, und sie gab auch den Kamelen zu trinken... Da legte ich den Reif an die Nase und die Spangen um die Arme. Ich verneigte mich, warf mich vor dem Herrn nieder und pries den Herrn, den Gott meines Herrn Abraham, der mich geradewegs hierher geführt hat, um die Tochter des Bruders meines Herrn für dessen Sohn zu holen" (Gen 24,42-48).

### Jakob und Rahel

Nach der alttestamentlichen Patriarchengeschichte ist Jakob, der Sohn → Isaaks und Rebekkas, von der Schönheit Rahels so angezogen, daß er um sie seinem Schwiegervater sieben Jahre dient. Doch zunächst muß er die ältere Schwester heiraten und um Rahel weitere sieben Jahre arbeiten: „Laban hatte zwei Töchter; die ältere hieß Lea, die jüngere Rahel. Die Augen Leas waren matt, Rahel aber war schön von Gestalt und hatte ein schönes Gesicht. Jakob hatte Rahel lieb, und so sagte er: Ich will dir um die jüngere Tochter Rahel sieben Jahre dienen. Laban entgegnete: Es ist besser, ich gebe sie dir als einem anderen. Bleib bei mir!" Entsetzt, daß er die Hochzeitsnacht durch die List seines Schwiegervaters mit Lea verbracht hat, „sagte Jakob zu Laban: Was hast du mir angetan? Habe ich dir denn nicht um Rahel gedient? Warum hast du mich hintergangen? Laban erwiderte: Es ist hierzulande nicht üblich, die Jüngere vor der Älteren zur Ehe zu geben. Verbring mit dieser noch die Brautwoche, dann soll dir auch die andere gehören um weitere sieben Jahre Dienst. Jakob ging darauf ein..., und er liebte Rahel mehr als Lea" (Gen 29,16-30).

## Joachim und Anna

Eltern der Gottesmutter Maria. Nach der Überlieferung lebten sie in Jerusalem. Als Joachim von der Priesterschaft wegen Kinderlosigkeit vom Opfer zurückgewiesen wurde, gingen sie in die Einöde, wo sie sich durch Frömmigkeit und Werke der Wohltätigkeit auszeichneten. Nach zwanzigjähriger Ehe bekamen sie, wie es ein Engel verkündet hatte, ein Kind, dem sie den Namen Maria gaben.

## Josef und Asenat

Als bevorzugter Sohn Jakobs und Rahels wird Josef von seinen Brüdern so sehr gehaßt, daß sie ihn an die Ismaeliter verkaufen, die ihn nach Ägypten bringen (Gen 37). Auf die verleumderische Anklage der in ihren Liebesavancen abgewiesenen Frau seines Herrn Potifar, eines Hofbeamten des Pharao, wird er in den Kerker geworfen (Gen 39). Nachdem er dort die Träume zweier Hofbeamten und später auch des Pharao richtig deutet (Gen 40-41), wird er als oberster Verwalter über das ganze Land Ägypten eingesetzt: „Dann sagte der Pharao zu Josef: Nachdem dich Gott all das hat wissen lassen, gibt es niemand, der so klug und weise wäre wie du. Du sollst über meinem Hause stehen, und deinem Wort soll sich mein ganzes Volk beugen... Hiermit stelle ich dich über ganz Ägypten. Der Pharao nahm den Siegelring von seiner Hand und steckte ihn Josef an die Hand. Er bekleidete ihn mit Byssusgewändern und legte ihm die goldene Kette um den Hals... Der Pharao verlieh Josef den Namen Zafenat-Paneach und gab ihm Asenat, die Tochter Potiferas, des Priesters von On, zur Frau... Ein Jahr, bevor die Hungersnot kam, wurden Josef zwei Söhne geboren... Josef nannte den Erstgeborenen Manasse (Vergeßling), denn er sagte: Gott hat mich all meine Sorge und mein ganzes Vaterhaus vergessen lassen. Den zweiten Sohn nannte er Efraim (Fruchtbringer), denn er sagte: Gott hat mich fruchtbar werden lassen im Lande meines Elends (Gen 41,39-52).

## Mose und Zippora

Mose gilt als Werkzeug zur Erfüllung des Willens Gottes. Durch den Jahwebund wird er zum Stifter der Lebensgrundlage Israels. Als er bei dem Versuch, seinen Stammesbrüdern eigenmächtig Recht zu schaffen, einen Ägypter erschlägt, flieht er nach Midian zum Priester Jitro, dessen Tochter Zippora er heiratet (Ex 2,11-22). Sie gebar ihm zwei Söhne: „Der eine hieß Gerschom (Ödgast), weil Mose gesagt hatte: Gast bin ich im fremden Land. Der andere hieß Elieser (Gotthelf), weil Mose gesagt hatte: Der Gott meines Vaters hat mir geholfen und hat mich vor dem Schwert des Pharao gerettet" (Ex 18,3-4).

## Narthex

Vorhalle des Gotteshauses, in der sich früher die Katechumenen (Taufanwärter) während der Liturgiefeier aufhielten und Gemeindeversammlungen stattfanden. Daraus erklärt sich seine Größe in alten Kirchen wie auch sein weitgehendes Fehlen in vielen Neubauten

## Prokimenon

Psalmverse oder biblische Oden, die vor den Lesungen (griech.: προ = vor, davor + κεῖμαι = liegen) rezitiert oder gesungen werden. Ursprünglich bestand das P. aus ganzen Psalmen, die zwischen den Lesungen gesungen wurden.

## Rahel → Jakob und Rahel

## Rebekka → Isaak und Rebekka

## Sara → Abraham und Sara

## Tamar

Nach der Familiengeschichte des Ahnherrn des Stammes Juda (Gen 38) Schwiegertochter Judas. Nach dem Tod seiner mit ihr verheirateten kinderlosen Söhne Er und Onan verweigerte er ihr entgegen dem Gewohnheitsrecht die Ehe mit seinem jüngeren Sohn Schela. In ihrer Verzweiflung griff sie, um ihre soziale Stellung als Mutter von Söhnen zu erlangen, zur Selbsthilfe, indem sie sich als Dirne verkleidet ihrem Schwiegervater hingab und von ihm die Zwillinge Peres und Zerach empfing: „Nach etwa drei Monaten meldete man

Juda: Deine Schwiegertochter Tamar hat Unzucht getrieben und ist davon schwanger. Da sagte Juda: Führt sie hinaus! Sie soll verbrannt werden. Als man sie hinausführte, schickte sie zu ihrem Schwiegervater und ließ ihm sagen: Von dem Mann, dem das gehört, bin ich schwanger. Auch ließ sie sagen: Sieh genau hin: Wem gehört der Siegelring mit der Schnur und dieser Stab? Juda schaute es sich genau an und gab zu: Sie ist mir gegenüber im Recht, weil ich sie meinem Sohn Schela nicht zur Frau gegeben habe..." (Gen 38,24-26).

## Theotokion

Hymnus, der die Gottesgebärerin (griech.: Θεοτόκος) lobpreist.

## Troparion

Allgemeine Bezeichnung kirchlicher Hymnen, die in einer der acht byzantinischen Tonarten (griech.: τρόποι oder ἦχοι) gesungen werden. Nach einer anderen etymologischen Erklärung geht der Name T. auf seinen Bezug zum Heirmos (Leitstrophe) zurück, um dessen Melodie es sich dreht (griech.: τρέπω). Weniger wahrscheinlich ist die Etymologie, nach der die Trophäe (griech.: τρόπαιον) der Heiligen gemeint ist, die im T. besungen wird. Die Troparien gliedern sich nach ihrem Inhalt (z. B. Auferstehungs-, Märtyrer-Troparien), der liturgischen Zeit ihrer Anwendung (z. B. Früh-, Entlassungs-Troparien) und den Versen, die ihnen vorangestellt werden (z. B. Stichera, Aposticha).

## Zacharias und Elisabet

Eltern Johannes' des Täufers. „Beide waren fromm vor Gott
und lebten in allen Geboten und Vorschriften des Herrn unta-
delig" (Lk 1,6). Als Zacharias an der Geburt eines Kindes,
die ihm ein Engel ankündigte, zweifelte - „Woran soll ich
erkennen, daß das wahr ist? Denn ich bin alt, und meine Frau
ist in vorgerücktem Alter" (Lk 1,18) -, wurde er stumm (Lk
1,8-23). Nach der Geburt und Namensgebung des Johannes
konnte er wieder reden und lobte Gott (Lk 1,57-79).

## Zippora → Mose und Zippora

# Α΄. ΑΚΟΛΟΥΘΙΑ ΤΟΥ ΑΡΡΑΒΩΝΟΣ

*Μετὰ τὴν θείαν Λειτουργίαν, τοῦ Ἱερέως ἑστῶτος ἐν τῷ ἱερατείῳ, παρίστανται οἱ μέλλοντες ζεύγνυσθαι πρὸ τῶν ἁγίων θυρῶν τῆς ἐκκλησίας, ὁ μὲν ἀνὴρ ἐκ δεξιῶν, ἡ δὲ γυνὴ ἐξ εὐωνύμων. Ἀπόκεινται δὲ ἐν τῷ δεξιῷ μέρει τῆς ἁγίας τραπέζης δακτύλιοι αὐτῶν δύο, σύνεγγυς ἀλλήλων. Ὁ δὲ Ἱερεύς, ἐλθὼν ἐν τῷ νάρθηκι, σφραγίζει τὰς κεφαλὰς τῶν νεονύμφων ἐκ γ΄ καὶ δίδωσιν αὐτοῖς κηροὺς ἁπτομένους· καὶ εἰσάξας αὐτοὺς ἔνδον τοῦ Ναοῦ, θυμιᾷ σταυροειδῶς.*

**Εὐλογητός**

*Δ ι ά κ ο ν ο ς*
Εὐλόγησον, δέσποτα.

*Ἱ ε ρ ε ύ ς*
Εὐλογητὸς ὁ Θεὸς ἡμῶν πάντοτε,
νῦν καὶ ἀεὶ καὶ εἰς τοὺς αἰῶνας τῶν αἰώνων.

*Λ α ό ς*
Ἀμήν.

2

# I. GOTTESDIENST DER VERLOBUNG

*Nach der Göttlichen Liturgie steht der Priester im Altarraum, während sich die Brautleute vor den heiligen Eingangstüren der Kirche aufstellen, rechts der Mann und links die Frau. Auf dem rechten Platz des heiligen Altars liegen zwei Ringe nahe beieinander. Der Priester kommt in den Narthex\*, bekreuzigt dreimal die Häupter der Brautleute und gibt ihnen brennende Kerzen, führt sie in das Kirchenschiff und zeichnet mit dem Weihrauchfaß das Kreuz.*

## Eingangssegen

*Diakon*
Segne, Gebieter.

*Priester*
Gepriesen sei unser Gott allezeit,
jetzt und immerdar und in alle Ewigkeit.

*Volk*
Amen.

---

\* *Erklärungen für die mit Sternchen gekennzeichneten Namen und Begriffe s. S. xxxviiiff.*

## Μεγάλη Συναπτή

*Διάκονος*
Ἐν εἰρήνῃ τοῦ Κυρίου δεηθῶμεν.

*Λαός*
Κύριε ἐλέησον. *(μεθ᾿ ἑκάστην δέησιν)*

*Διάκονος*
Ὑπὲρ τῆς ἄνωθεν εἰρήνης καὶ τῆς σωτηρίας τῶν ψυχῶν ἡμῶν τοῦ Κυρίου δεηθῶμεν.

Ὑπὲρ τῆς εἰρήνης τοῦ σύμπαντος κόσμου, εὐσταθείας τῶν ἁγίων τοῦ Θεοῦ Ἐκκλησιῶν καὶ τῆς τῶν πάντων ἑνώσεως τοῦ Κυρίου δεηθῶμεν.

Ὑπὲρ τοῦ ἁγίου οἴκου τούτου καὶ τῶν μετὰ πίστεως, εὐλαβείας καὶ φόβου θεοῦ εἰσιόντων ἐν αὐτῷ τοῦ Κυρίου δεηθῶμεν.

Ὑπὲρ τοῦ ἀρχιεπισκόπου ἡμῶν (δεῖνος), τοῦ τιμίου πρεσβυτερίου, τῆς ἐν Χριστῷ διακονίας, παντὸς τοῦ κλήρου καὶ τοῦ λαοῦ τοῦ Κυρίου δεηθῶμεν.

Ὑπὲρ τοῦ δούλου τοῦ Θεοῦ (τοῦ δε) καὶ τῆς δούλης τοῦ Θεοῦ (τῆς δε), τῶν νῦν μνηστευμένων ἀλλήλοις, καὶ τῆς σωτηρίας αὐτῶν τοῦ Κυρίου δεηθῶμεν.

Ὑπὲρ τοῦ παρασχεθῆναι αὐτοῖς τέκνα εἰς διαδοχὴν γένους, καὶ πάντα τὰ πρὸς σωτηρίαν αἰτήματα τοῦ Κυρίου δεηθῶμεν.

## Großes Bittgebet

*Diakon*
Laßt uns in Frieden den Herrn bitten.

*Volk*
Kyrie eleison. *(nach jeder Bitte)*

*Diakon*
Um den Frieden von oben und das Heil unserer Seelen laßt uns den Herrn bitten.

Um den Frieden der ganzen Welt, die rechte Standhaftigkeit der heiligen Kirchen Gottes und die Einigung aller laßt uns den Herrn bitten.

Für dieses heilige Haus und für alle, die mit Glauben, Andacht und Gottesfurcht dort eintreten, laßt uns den Herrn bitten.

Für unseren Erzbischof N.N., die ehrwürdige Priesterschaft, das Diakonat in Christus, für den ganzen Klerus und das Volk laßt uns den Herrn bitten.

Für den Knecht Gottes N. N. und die Magd Gottes N. N., die sich jetzt miteinander verloben, und um ihr Heil laßt uns den Herrn bitten.

Daß ihnen gewährt werden Kinder zur Fortpflanzung des Geschlechtes und alles zum Heil Erbetene, laßt uns den Herrn bitten.

Ὑπὲρ τοῦ καταπεμφθῆναι αὐτοῖς ἀγάπην τελείαν, εἰρηνικήν, καὶ βοήθειαν τοῦ Κυρίου δεηθῶμεν.

Ὑπὲρ τοῦ φυλαχθῆναι αὐτοὺς ἐν ὁμονοίᾳ καὶ βεβαίᾳ πίστει τοῦ Κυρίου δεηθῶμεν.

Ὑπὲρ τοῦ διαφυλαχθῆναι αὐτοὺς ἐν ἀμέμπτῳ βιοτῇ καὶ πολιτείᾳ τοῦ Κυρίου δεηθῶμεν.

Ὅπως Κύριος, ὁ Θεὸς ἡμῶν, χαρίσηται αὐτοῖς τίμιον τὸν γάμον καὶ τὴν κοίτην ἀμίαντον τοῦ Κυρίου δεηθῶμεν.

Ὑπὲρ τοῦ ῥυσθῆναι ἡμᾶς ἀπὸ πάσης θλίψεως, ὀργῆς, κινδύνου καὶ ἀνάγκης τοῦ Κυρίου δεηθῶμεν.

Ἀντιλαβοῦ, σῶσον, ἐλέησον καὶ διαφύλαξον ἡμᾶς, ὁ Θεός, τῇ σῇ χάριτι.

Τῆς παναγίας, ἀχράντου, ὑπερευλογημένης, ἐνδόξου δεσποίνης ἡμῶν θεοτόκου καὶ ἀειπαρθένου Μαρίας μετὰ πάντων τῶν ἁγίων μνημονεύσαντες, ἑαυτοὺς καὶ ἀλλήλους καὶ πᾶσαν τὴν ζωὴν ἡμῶν Χριστῷ τῷ Θεῷ παραθώμεθα.

*Λαός*
Σοί, Κύριε.

*Ἱερεύς*
Ὅτι πρέπει σοι πᾶσα δόξα, τιμὴ καὶ προσκύνησις, τῷ Πατρὶ καὶ τῷ Υἱῷ καὶ τῷ ἁγίῳ Πνεύματι, νῦν καὶ ἀεὶ καὶ εἰς

Daß ihnen herabgesandt werde vollkommene, friedliche Liebe und Hilfe, laßt uns den Herrn bitten.

Daß sie bewahrt werden in Eintracht und fester Treue, laßt uns den Herrn bitten.

Daß sie gesegnet werden mit tadellosem Leben und Wandel, laßt uns den Herrn bitten.

Daß ihnen der Herr, unser Gott, eine ehrenvolle Ehe und eine unbefleckte Ehegemeinschaft schenke, laßt uns den Herrn bitten.

Daß wir befreit werden von allem Kummer, Zorn, Bedrängnis und Not, laßt uns den Herrn bitten.

Hilf, rette, erbarme dich und beschütze uns, Gott, durch deine Gnade.

Eingedenk unserer allheiligen, makellosen, hochgelobten und ruhmreichen Herrin, der Gottesgebärerin und Immerjungfrau Maria mit allen Heiligen laßt uns uns selbst und einander und unser ganzes Leben Christus, unserem Gott, überantworten.

*Volk*
Dir, o Herr.

*Priester*
Denn dir gebührt aller Ruhm, alle Ehre und Anbetung, dem Vater und dem Sohn und dem Heiligen Geist, jetzt und

τοὺς αἰῶνας τῶν αἰώνων.

*Λαός*
Ἀμήν.


**Εὐχή**

*Διάκονος*
Τοῦ Κυρίου δεηθῶμεν.

*Λαός*
Κύριε ἐλέησον.

*Ἱερεύς*
Ὁ Θεὸς ὁ αἰώνιος, ὁ τὰ διῃρημένα συναγαγὼν εἰς ἑνότητα, καὶ σύνδεσμον διαθέσεως τιθεὶς ἄρρηκτον· ὁ εὐλογήσας Ἰσαὰκ καὶ Ῥεβέκκαν, καὶ κληρονόμους αὐτοὺς τῆς σῆς ἐπαγγελίας ἀναδείξας· αὐτὸς εὐλόγησον καὶ τοὺς δούλους σου τούτους, ὁδηγῶν αὐτοὺς ἐν παντὶ ἔργῳ ἀγαθῷ.

Ὅτι ἐλεήμων καὶ φιλάνθρωπος Θεὸς ὑπάρχεις, καὶ σοὶ τὴν δόξαν ἀναπέμπομεν, τῷ Πατρὶ καὶ τῷ Υἱῷ καὶ τῷ ἁγίῳ Πνεύματι, νῦν καὶ ἀεὶ καὶ εἰς τοὺς αἰῶνας τῶν αἰώνων.


*Λαός*
Ἀμήν.

immerdar und in alle Ewigkeit.

*Volk*
Amen.


**Gebet**

*Diakon*
Laßt uns den Herrn bitten.

*Volk*
Kyrie eleison.

*Priester*
Ewiger Gott, du hast das Getrennte zur Einigung gebracht und ein unzerbrechliches Band der Zuneigung gesetzt; du hast Isaak und Rebekka\* gesegnet und sie als Erben deiner Verheißung erwiesen. Du selbst segne auch diese deine Knechte, indem du sie in jedem guten Werk leitest.

Denn du bist ein barmherziger und menschenliebender Gott, und dir senden wir den Lobpreis empor, dem Vater und dem Sohn und dem Heiligen Geist, jetzt und immerdar und in alle Ewigkeit.

*Volk*
Amen.

## Εὐλογία τῶν μνήστρων

*Ἱερεύς*
Εἰρήνη πᾶσι.


*Λαός*
Καὶ τῷ πνεύματί σου.


*Διάκονος*
Τὰς κεφαλὰς ὑμῶν τῷ Κυρίῳ κλίνατε.


*Λαός*
Σοί, Κύριε.


*Ἱερεύς*
Κύριε ὁ Θεὸς ἡμῶν, ὁ τὴν ἐξ ἐθνῶν προμνηστευσάμενος ἑαυτῷ Ἐκκλησίαν παρθένον ἁγνήν, εὐλόγησον τὰ μνῆστρα ταῦτα, καὶ ἕνωσον καὶ διαφύλαξον τοὺς δούλους σου τούτους ἐν εἰρήνῃ καὶ ὁμονοίᾳ.

Σοὶ γὰρ πρέπει πᾶσα δόξα, τιμὴ καὶ προσκύνησις, τῷ Πατρὶ καὶ τῷ Υἱῷ καὶ τῷ ἁγίῳ Πνεύματι, νῦν καὶ ἀεὶ καὶ εἰς τοὺς αἰῶνας τῶν αἰώνων.


*Λαός*
Ἀμήν.

## Segnung der Verlobung

*Priester*
Friede sei mit euch allen.

*Volk*
Und mit deinem Geist.

*Diakon*
Neigt eure Häupter vor dem Herrn.

*Volk*
Dir, o Herr.

*Priester*
Herr, unser Gott, du hast dir aus den Völkern die Kirche als eine reine Jungfrau anverlobt, segne auch diese Verlobung, vereine und bewahre diese deine Knechte in Frieden und Eintracht.

Denn dir gebührt aller Ruhm, alle Ehre und Anbetung, dem Vater dem Sohn und dem Heiligen Geist, jetzt und immerdar und in alle Ewigkeit.

*Volk*
Amen.

**Δακτυλοθέσιον**

*Ὁ Ἱερεὺς λαβὼν τὸν δακτύλιον τοῦ ἀνδρὸς ποιεῖ μετὰ τοῦ δακτυλίου σταυρὸν τρὶς ἐπὶ τὴν κεφαλὴν τοῦ ἀνδρὸς λέγων·*

Ἀρραβωνίζεται ὁ δοῦλος τοῦ Θεοῦ (ὁ δεῖνα) τὴν δούλην τοῦ Θεοῦ (τήν δε), εἰς τὸ ὄνομα τοῦ Πατρὸς καὶ τοῦ Υἱοῦ καὶ τοῦ ἁγίου Πνεύματος. Ἀμήν. *(τρίς)*

*Εἶτα ἐπιτίθησι τὸν δακτύλιον τῷ δεξιῷ δακτύλῳ τοῦ ἀνδρός.*

*Εἶτα καὶ τῇ γυναικὶ ὁμοίως, λέγων·*

Ἀρραβωνίζεται ἡ δούλη τοῦ Θεοῦ (ἡ δεῖνα) τὸν δοῦλον τοῦ Θεοῦ (τόν δε), εἰς τὸ ὄνομα τοῦ Πατρὸς καὶ τοῦ Υἱοῦ καὶ τοῦ ἁγίου Πνεύματος. Ἀμήν. *(τρίς)*

*Καὶ ἐπιτίθησι τὸν δακτύλιον τῷ δεξιῷ δακτύλῳ τῆς γυναικός.*

*Εἶτα ἀλλάσσει τὰ δακτύλια τῶν νεονύμφων ὁ σύντεκνος.*

## Ringzeremonie

*Der Priester nimmt den Ring des Bräutigams, macht mit ihm dreimal das Kreuzzeichen über dem Haupt des Bräutigams und spricht:*

Verlobt wird der Knecht Gottes N. N. mit der Magd Gottes N. N., im Namen des Vaters und des Sohnes und des Heiligen Geistes. Amen. (*dreimal*)

*Anschließend steckt er den Ring an den rechten Ringfinger des Bräutigams.*

*Dann wendet er sich in gleicher Weise der Braut zu und spricht:*

Verlobt wird die Magd Gottes N. N. mit dem Knecht Gottes N. N., im Namen des Vaters und des Sohnes und des Heiligen Geistes. Amen. (*dreimal*)

*Nun steckt er den Ring an den rechten Ringfinger der Braut.*

*Anschließend wechselt der Brautführer die Ringe der Brautleute.*

## Εὐχή

*Διάκονος*
Τοῦ Κυρίου δεηθῶμεν.

*Λαός*
Κύριε ἐλέησον.

*Ἱερεύς*
Κύριε ὁ Θεὸς ἡμῶν, ὁ τῷ παιδὶ τοῦ πατριάρχου Ἀβραὰμ συμπορευθεὶς ἐν τῇ Μεσοποταμίᾳ, στελλομένῳ νυμφεύσασθαι τῷ κυρίῳ αὐτοῦ Ἰσαὰκ γυναῖκα καὶ διὰ μεσιτείας ὑδρεύσεως ἀρραβωνίσασθαι τὴν Ῥεβέκκαν ἀποκαλύψας· αὐτὸς εὐλόγησον τὸν ἀρραβῶνα τῶν δούλων σου (τοῦ δε) καὶ (τῆς δε) καὶ στήριξον τὸν παρ' αὐτοῖς λαληθέντα λόγον. Βεβαίωσον αὐτοὺς τῇ παρὰ σοῦ ἁγίᾳ ἑνότητι· σὺ γὰρ ἀπ' ἀρχῆς ἐδημιούργησας ἄρσεν καὶ θῆλυ, καὶ παρὰ σοῦ ἁρμόζεται ἀνδρὶ γυνὴ εἰς βοήθειαν καὶ διαδοχὴν τοῦ γένους τῶν ἀνθρώπων. Αὐτὸς οὖν, Κύριε ὁ Θεὸς ἡμῶν, ὁ ἐξαποστείλας τὴν ἀλήθειαν ἐπὶ τὴν κληρονομίαν σου καὶ τὴν ἐπαγγελίαν σου ἐπὶ τοὺς δούλους σου, τοὺς πατέρας ἡμῶν εἰς καθ' ἑκάστην γενεὰν καὶ γενεὰν τοὺς ἐκλεκτούς σου, ἐπίβλεψον ἐπὶ τὸν δοῦλόν σου (τόν δε) καὶ τὴν δούλην σου (τήν δε), καὶ στήριξον τὸν ἀρραβῶνα αὐτῶν ἐν πίστει καὶ ὁμονοίᾳ καὶ ἀληθείᾳ καὶ ἀγάπῃ· σὺ γάρ, Κύριε, ὑπέδειξας δίδοσθαι τὸν ἀρραβῶνα καὶ στηρίζεσθαι ἐν παντί. Διὰ δακτυλιδίου ἐδόθη ἡ ἐξουσία τῷ Ἰωσὴφ ἐν Αἰγύπτῳ· διὰ δακτυλιδίου ἐδοξάσθη Δανιὴλ ἐν χώρᾳ Βαβυλῶνος· διὰ δακτυλιδίου ἐφανερώθη ἡ ἀλήθεια τῆς Θάμαρ· διὰ δακτυλιδίου ὁ Πατὴρ ἡμῶν ὁ οὐράνιος οἰκτίρμων γέγονεν ἐπὶ τὸν ἄσωτον υἱόν· δότε γάρ, φησί, δακτυλίδιον εἰς τὴν χεῖρα αὐτοῦ, καὶ ἐνέγκαντες τὸν μόσχον τὸν σιτευτόν, θύσατε· καὶ φαγόντες εὐφρανθῶμεν. Αὕτη ἡ δεξιά σου,

14

## Gebet

*Diakon*
Laßt uns den Herrn bitten.

*Volk*
Kyrie eleison.

*Priester*
Herr, unser Gott, du hast den Diener des Patriarchen Abraham nach Mesopotamien begleitet, als er gesandt wurde, für seinen Herrn Isaak* eine Braut zu werben, und ihm durch das Mittel des Wasserschöpfens geoffenbart, die Rebekka* anzuverloben; segne du selbst die Verlobung deiner Knechte N. N. und N. N. und stütze das von ihnen gesprochene Wort. Festige sie durch deine heilige Einheit. Denn du hast von Anfang an das männliche und weibliche Geschlecht erschaffen, und durch dich wird die Frau dem Mann hinzugesellt zur Hilfe und zur Fortpflanzung des Menschengeschlechtes. Du selbst nun, Herr, unser Gott, der du die Wahrheit auf dein Erbe und deine Verheißung auf deine Knechte, unsere Väter, deine Auserwählten, von Geschlecht zu Geschlecht herabgesandt hast, schau herab auf deinen Knecht N. N. und auf deine Magd N. N. und stütze ihre Verlobung in Treue, Einmütigkeit, Aufrichtigkeit und Liebe; denn du, Herr, hast angeordnet, die Verlobung zu vollziehen und in allem zu stützen. Mit einem Ring wurde dem Josef* in Ägypten die Gewalt gegeben, mit einem Ring wurde Daniel* im Land von Babylon geehrt, mit einem Ring wurde die Wahrheit bei Tamar* offenbar, mit einem Ring hat unser himmlischer Vater sich dem ver-

15

Κύριε, τὸν Μωϋσῆν ἐστρατοπέδευσεν ἐν ἐρυθρᾷ θαλάσσῃ· διὰ γὰρ τοῦ λόγου σου τοῦ ἀληθινοῦ οἱ οὐρανοὶ ἐστερεώθησαν, καὶ ἡ γῆ ἐθεμελιώθη, καὶ ἡ δεξιὰ τῶν δούλων σου εὐλογηθήσεται τῷ λόγῳ σου τῷ κραταιῷ καὶ τῷ βραχίονί σου τῷ ὑψηλῷ. Αὐτὸς οὖν καὶ νῦν, Δέσποτα, εὐλόγησον τὸ δακτυλοθέσιον τοῦτο εὐλογίαν οὐράνιον· καὶ ἄγγελος Κυρίου προπορευέσθω ἔμπροσθεν αὐτῶν πάσας τὰς ἡμέρας τῆς ζωῆς αὐτῶν.

Ὅτι σὺ εἶ ὁ εὐλογῶν καὶ ἁγιάζων τὰ σύμπαντα καὶ σοὶ τὴν δόξαν ἀναπέμπομεν, τῷ Πατρὶ καὶ τῷ Υἱῷ καὶ τῷ ἁγίῳ Πνεύματι, νῦν καὶ ἀεὶ καὶ εἰς τοὺς αἰῶνας τῶν αἰώνων.

*Λαός*
Ἀμήν.

*Εἶτα Ἐκτενὴς καὶ Ἀπόλυσις, ἐὰν δὲν τελεῖται ἀμέσως ἡ Ἀκολουθία τοῦ Στεφανώματος.*

lorenen Sohn gnädig erwiesen: „Gebt ihm", heißt es, „einen Ring an seine Hand und bringt das gemästete Kalb her und schlachtet es; wir wollen essen und fröhlich sein." Diese deine Rechte, Herr, schützte Mose im Roten Meer, denn durch dein wahrhaftiges Wort sind die Himmel gefestigt und wurde die Erde gegründet. Und die Rechte deiner Knechte wird gesegnet durch dein mächtiges Wort und durch deinen erhobenen Arm. Du selbst nun, Gebieter, segne diesen Wechsel der Ringe mit himmlischem Segen; der Engel des Herrn schreite ihnen voran alle Tage ihres Lebens.

Denn du bist es, der alles segnet und heiligt, und dir senden wir den Lobpreis empor, dem Vater und dem Sohn und dem Heiligen Geist, jetzt und immerdar und in alle Ewigkeit.

*Volk*
Amen.

*Wenn anschließend nicht der Gottesdienst der Krönung gefeiert wird, folgen die Ektenie\* und die Entlassung.*

# Β΄. ΑΚΟΛΟΥΘΙΑ ΤΟΥ ΣΤΕΦΑΝΩΜΑΤΟΣ

**Εἴσοδος τῶν Νυμφίων**

*Εἰ μὲν βούλονται ἐν ταὐτῷ στεφανωθῆναι παραμένουσιν ἐν τῷ Ναῷ καὶ ἄρχεται ἡ Ἀκολουθία τοῦ Στεφανώματος. Εἰ δὲ μεθ' ἡμέρας βούλονται στεφανωθῆναι, εἰσέρχονται ἐν τῷ Ναῷ μετὰ κηρῶν ἁπτομένων, προπορευομένου τοῦ Ἱερέως μετὰ τοῦ θυμιατοῦ καὶ ψάλλοντος τὸν 127όν ψαλμόν, τοῦ Λαοῦ ἐν ἑκάστῳ στίχῳ λέγοντος·*

Δόξα σοι, ὁ Θεὸς ἡμῶν, δόξα σοι.

*Ἱερεύς*
Μακάριοι πάντες οἱ φοβούμενοι τὸν Κύριον.

Οἱ πορευόμενοι ἐν ταῖς ὁδοῖς αὐτοῦ.

Τοὺς πόνους τῶν καρπῶν σου φάγεσαι.

Μακάριος εἶ, καὶ καλῶς σοι ἔσται.

Ἡ γυνή σου ὡς ἄμπελος εὐθηνοῦσα
ἐν τοῖς κλίτεσι τῆς οἰκίας σου.

Οἱ υἱοί σου ὡς νεόφυτα ἐλαιῶν,
κύκλῳ τῆς τραπέζης σου.

# II. GOTTESDIENST DER KRÖNUNG

## Einzug der Brautleute

*Wenn das Brautpaar unmittelbar nach der Verlobung getraut werden will, bleibt es in der Kirche und beginnt der Gottesdienst der Krönung. Wenn es aber später getraut werden will, tritt es mit brennenden Kerzen in die Kirche ein, während der Priester mit dem Rauchfaß ihm vorangeht und den Psalm 127 [128] singt, wobei das Volk auf jeden Vers antwortet:*

Ehre sei dir, unser Gott, Ehre sei dir.

*Priester*
Selig alle, die den Herrn fürchten.

Die da wandern auf seinen Wegen.

Die Früchte deiner Mühen wirst du verzehren.

Selig bist du, und es wird dir gut gehen.

Deine Frau ist wie ein fruchtbarer Weinstock
an den Wänden deines Hauses.

Deine Kinder wie junge Ölbaumpflanzen
rings um deinen Tisch.

Ἰδοὺ οὕτως εὐλογηθήσεται ἄνθρωπος
ὁ φοβούμενος τὸν Κύριον.

Εὐλογήσαι σε Κύριος ἐκ Σιών,
καὶ ἴδοις τὰ ἀγαθὰ Ἱερουσαλὴμ πάσας τὰς ἡμέρας τῆς
ζωῆς σου.

Καὶ ἴδοις υἱοὺς τῶν υἱῶν σου,
εἰρήνη ἐπὶ τὸν Ἰσραήλ.


**Εὐλογητός**

*Διάκονος*
Εὐλόγησον, δέσποτα.

*Ἱερεύς*
Εὐλογημένη ἡ βασιλεία τοῦ Πατρὸς καὶ τοῦ Υἱοῦ καὶ τοῦ
ἁγίου Πνεύματος, νῦν καὶ ἀεὶ καὶ εἰς τοὺς αἰῶνας τῶν αἰώνων.

*Λαός*
Ἀμήν.


**Μεγάλη Συναπτή**

*Διάκονος*
Ἐν εἰρήνῃ τοῦ Κυρίου δεηθῶμεν.

Siehe, so wird der Mensch gesegnet,
der den Herrn fürchtet.

Aus Zion segne dich der Herr
und lasse dich sehen das Glück Jerusalems alle Tage deines
Lebens.

Und lasse dich sehen die Kinder deiner Kinder,
Frieden über Israel.


## Eingangssegen

*Diakon*
Segne, Gebieter.

*Priester*
Gesegnet sei das Reich des Vaters und des Sohnes und des
Heiligen Geistes, jetzt und immerdar und in alle Ewigkeit.


*Volk*
Amen.


## Großes Bittgebet

*Diakon*
Laßt uns in Frieden den Herrn bitten.

*Λαός*
Κύριε ἐλέησον. *(μεθ' ἑκάστην δέησιν)*


*Διάκονος*
Ὑπὲρ τῆς ἄνωθεν εἰρήνης καὶ τῆς σωτηρίας τῶν ψυχῶν ἡμῶν τοῦ Κυρίου δεηθῶμεν.

Ὑπὲρ τῆς εἰρήνης τοῦ σύμπαντος κόσμου, εὐσταθείας τῶν ἁγίων τοῦ Θεοῦ Ἐκκλησιῶν καὶ τῆς τῶν πάντων ἑνώσεως τοῦ Κυρίου δεηθῶμεν.

Ὑπὲρ τοῦ ἁγίου οἴκου τούτου καὶ τῶν μετὰ πίστεως, εὐλαβείας καὶ φόβου θεοῦ εἰσιόντων ἐν αὐτῷ τοῦ Κυρίου δεηθῶμεν.

Ὑπὲρ τοῦ ἀρχιεπισκόπου ἡμῶν (δεῖνος), τοῦ τιμίου πρεσβυτερίου, τῆς ἐν Χριστῷ διακονίας, παντὸς τοῦ κλήρου καὶ τοῦ λαοῦ τοῦ Κυρίου δεηθῶμεν.

Ὑπὲρ τῶν δούλων τοῦ Θεοῦ (τοῦ δε) καὶ (τῆς δε), τῶν νῦν συναπτομένων ἀλλήλοις εἰς γάμου κοινωνίαν, καὶ τῆς σωτηρίας αὐτῶν τοῦ Κυρίου δεηθῶμεν.

Ὑπὲρ τοῦ εὐλογηθῆναι τὸν γάμον τοῦτον, ὡς τὸν ἐν Κανᾷ τῆς Γαλιλαίας τοῦ Κυρίου δεηθῶμεν.

Ὑπὲρ τοῦ παρασχεθῆναι αὐτοῖς σωφροσύνην καὶ καρπὸν κοιλίας πρὸς τὸ συμφέρον τοῦ Κυρίου δεηθῶμεν.

Ὑπὲρ τοῦ εὐφρανθῆναι αὐτοὺς ἐν ὁράσει υἱῶν καὶ θυγατέρων τοῦ Κυρίου δεηθῶμεν.

*Volk*
Kyrie eleison. (*nach jeder Bitte*)

*Diakon*
Um den Frieden von oben und das Heil unserer Seelen laßt uns den Herrn bitten.

Um den Frieden der ganzen Welt, die rechte Standhaftigkeit der heiligen Kirche Gottes und die Einigung aller laßt uns den Herrn bitten.

Für dieses heilige Haus und für alle, die mit Glauben, Andacht und Gottesfurcht dort eintreten, laßt uns den Herrn bitten.

Für unseren Erzbischof N. N., die ehrwürdige Priesterschaft, das Diakonat in Christus, für den ganzen Klerus und das Volk laßt uns den Herrn bitten.

Für die Knechte Gottes N. N. und N. N., die jetzt miteinander zur ehelichen Gemeinschaft verbunden werden, und um ihr Heil laßt uns den Herrn bitten.

Daß gesegnet sei diese Ehe wie die zu Kana in Galiläa, laßt uns den Herrn bitten.

Daß ihnen Besonnenheit und Leibesfrucht zu ihrem Wohlergehen gewährt werde, laßt uns den Herrn bitten.

Daß sie sich freuen beim Anblick von Söhnen und Töchtern, laßt uns den Herrn bitten.

23

Ὑπὲρ τοῦ δωρηθῆναι αὐτοῖς εὐτεκνίας ἀπόλαυσιν καὶ ἀκατάγνωστον διαγωγὴν τοῦ Κυρίου δεηθῶμεν.

Ὑπὲρ τοῦ δωρηθῆναι αὐτοῖς τε καὶ ἡμῖν πάντα τὰ πρὸς σωτηρίαν αἰτήματα τοῦ Κυρίου δεηθῶμεν.

Ὑπὲρ τοῦ ρυσθῆναι αὐτούς τε καὶ ἡμᾶς ἀπὸ πάσης θλίψεως, ὀργῆς, κινδύνου καὶ ἀνάγκης τοῦ Κυρίου δεηθῶμεν.

Ἀντιλαβοῦ, σῶσον, ἐλέησον καὶ διαφύλαξον ἡμᾶς, ὁ Θεός, τῇ σῇ χάριτι.

Τῆς παναγίας, ἀχράντου, ὑπερευλογημένης, ἐνδόξου δεσποίνης ἡμῶν θεοτόκου καὶ ἀειπαρθένου Μαρίας μετὰ πάντων τῶν ἁγίων μνημονεύσαντες, ἑαυτοὺς καὶ ἀλλήλους καὶ πᾶσαν τὴν ζωὴν ἡμῶν Χριστῷ τῷ Θεῷ παραθώμεθα.

*Λαός*
Σοί, Κύριε.

*Ἱερεύς*
Ὅτι πρέπει σοι πᾶσα δόξα, τιμὴ καὶ προσκύνησις, τῷ Πατρὶ καὶ τῷ Υἱῷ καὶ τῷ ἁγίῳ Πνεύματι, νῦν καὶ ἀεὶ καὶ εἰς τοὺς αἰῶνας τῶν αἰώνων.

*Λαός*
Ἀμήν.

24

Daß ihnen geschenkt werde die Freude des Kindersegens und ein Lebenswandel ohne Tadel, laßt uns den Herrn bitten.

Daß ihnen und uns alles zum Heil Erbetene geschenkt werde, laßt uns den Herrn bitten.

Daß sie und wir befreit werden von allem Kummer, Zorn, Bedrängnis und Not, laßt uns den Herrn bitten.

Hilf, rette, erbarme dich und beschütze uns, Gott, durch deine Gnade.

Eingedenk unserer allheiligen, makellosen, hochgelobten und ruhmreichen Herrin, der Gottesgebärerin und Immerjungfrau Maria mit allen Heiligen laßt uns uns selbst und einander und unser ganzes Leben Christus, unserem Gott, überantworten.

*Volk*
Dir, o Herr.

*Priester*
Denn dir gebührt aller Ruhm, alle Ehre und Anbetung, dem Vater und dem Sohn und dem Heiligen Geist, jetzt und immerdar und in alle Ewigkeit.

*Volk*
Amen.

## Εὐχὴ α´

*Διάκονος*
Τοῦ Κυρίου δεηθῶμεν.

*Λαός*
Κύριε ἐλέησον.

*Ἱερεύς*
Ὁ Θεὸς ὁ ἄχραντος καὶ πάσης κτίσεως δημιουργός, ὁ τὴν πλευρὰν τοῦ προπάτορος Ἀδὰμ διὰ τὴν σὴν φιλανθρωπίαν εἰς γυναῖκα μεταμορφώσας, καὶ εὐλογήσας αὐτοὺς καὶ εἰπών· αὐξάνεσθε καὶ πληθύνεσθε καὶ κατακυριεύσατε τῆς γῆς, καὶ ἀμφοτέρους αὐτοὺς ἕν μέλος ἀναδείξας διὰ τῆς συζυγίας· ἕνεκεν γὰρ τούτου καταλείψει ἄνθρωπος τὸν πατέρα αὐτοῦ καὶ τὴν μητέρα καὶ προσκολληθήσεται τῇ ἰδίᾳ γυναικί, καὶ ἔσονται οἱ δύο εἰς σάρκα μίαν· καὶ οὓς ὁ Θεὸς συνέζευξεν, ἄνθρωπος μὴ χωριζέτω. Ὁ τὸν θεράποντά σου Ἀβραὰμ εὐλογήσας καὶ διανοίξας τὴν μήτραν Σάρρας καὶ πατέρα πλήθους ἐθνῶν ποιήσας· ὁ τὸν Ἰσαὰκ τῇ Ρεβέκκᾳ χαρισάμενος καὶ τὸν τόκον αὐτῆς εὐλογήσας· ὁ τὸν Ἰακὼβ τῇ Ραχὴλ συνάψας καὶ ἐξ αὐτοῦ τοὺς δώδεκα Πατριάρχας ἀναδείξας· ὁ τὸν Ἰωσὴφ καὶ τὴν Ἀσυνὲθ συζεύξας, καρπὸν παιδοποιΐας αὐτοῖς τὸν Ἐφραὶμ καὶ τὸν Μανασσῆν χαρισάμενος· ὁ τὸν Ζαχαρίαν καὶ τὴν Ἐλισάβετ προσδεξάμενος καὶ Πρόδρομον τὸν τόκον αὐτῶν ἀναδείξας· ὁ ἐκ τῆς ρίζης Ἰεσσαὶ τὸ κατὰ σάρκα βλαστήσας τὴν ἀειπάρθενον καὶ ἐξ αὐτῆς σαρκωθεὶς καὶ τεχθεὶς εἰς σωτηρίαν τοῦ γένους τῶν ἀνθρώπων· ὁ διὰ τὴν ἄφραστόν σου δωρεὰν καὶ πολλὴν ἀγαθότητα παραγενόμενος ἐν Κανᾷ τῆς Γαλιλαίας καὶ τὸν ἐκεῖσε γάμον εὐλογήσας, ἵνα φανερώσης, ὅτι σὸν θέλημά ἐστιν ἡ ἔννομος συζυγία καὶ ἡ ἐξ αὐτῆς παιδοποιΐα. Αὐτός, Δέσποτα

**Erstes Gebet**

*Diakon*
Laßt uns den Herrn bitten.

*Volk*
Kyrie eleison.

*Priester*
Makkelloser Gott und Schöpfer aller Dinge, du hast in deiner Menschenliebe die Rippe des Urvaters Adam zu einer Frau umgestaltet, sie gesegnet und gesagt: „Seid fruchtbar und vermehrt euch und beherrscht die Erde." Du hast sie beide durch die eheliche Verbindung als einen Leib erwiesen; denn deswegen wird der Mann seinen Vater und seine Mutter verlassen und sich an seine Frau binden, und die zwei werden ein Fleisch sein. Die aber Gott zusammengefügt hat, soll der Mensch nicht trennen. Du hast deinen Diener Abraham* gesegnet und, indem du den Schoß der Sara* geöffnet hast, ihn zum Vater vieler Völker gemacht; du hast Isaak* der Rebekka* geschenkt und das aus ihr Geborene gesegnet; Jakob der Rahel* verbunden und aus ihm die zwölf Stammväter hervorgehen lassen; Josef und Asenat* zusammengefügt und ihnen Efraim und Manasse als Frucht des Leibes gegeben; Zacharias und Elisabet* angenommen und ihr Kind zum Vorläufer gemacht; aus der Wurzel Jesse die immerwährende Jungfrau dem Fleische nach hervorsprießen lassen, aus der du Fleisch geworden und geboren worden bist zur Erlösung des Menschengeschlechts. In deiner unaussprechlichen Gnade und großen Güte bist du nach Kana in Galiläa gekommen und

πανάγιε, πρόσδεξαι τὴν δέησιν ἡμῶν τῶν ἱκετῶν σου, ὡς ἐκεῖσε καὶ ἐνταῦθα παραγενόμενος τῇ ἀοράτῳ σου ἐπιστασίᾳ· εὐλόγησον τὸν γάμον τοῦτον καὶ παράσχου τοῖς δούλοις σου τούτοις (τῷ δεῖνι) καὶ (τῇ δεῖνι) ζωὴν εἰρηνικήν, μακροημέρευσιν, σωφροσύνην, τὴν εἰς ἀλλήλους ἀγάπην, ἐν τῷ συνδέσμῳ τῆς εἰρήνης, σπέρμα μακρόβιον, τὴν ἐπὶ τέκνοις χάριν, τὸν ἀμαράντινον τῆς δόξης στέφανον. Ἀξίωσον αὐτοὺς ἰδεῖν τέκνα τέκνων· τὴν κοίτην αὐτῶν ἀνεπιβούλευτον διατήρησον· καὶ δὸς αὐτοῖς ἀπὸ τῆς δρόσου τοῦ οὐρανοῦ ἄνωθεν, καὶ ἀπὸ τῆς πιότητος τῆς γῆς· ἔμπλησον τοὺς οἴκους αὐτῶν σίτου, οἴνου καὶ ἐλαίου καὶ πάσης ἀγαθωσύνης, ἵνα μεταδιδῶσι καὶ τοῖς χρείαν ἔχουσι, δωρούμενος ἅμα καὶ τοῖς συμπαροῦσι πάντα τὰ πρὸς σωτηρίαν αἰτήματα.

Ὅτι Θεὸς ἐλέους, οἰκτιρμῶν καὶ φιλανθρωπίας ὑπάρχεις, καὶ σοὶ τὴν δόξαν ἀναπέμπομεν, σὺν τῷ ἀνάρχῳ σου Πατρὶ καὶ τῷ παναγίῳ καὶ ἀγαθῷ καὶ ζωοποιῷ σου Πνεύματι, νῦν καὶ ἀεὶ καὶ εἰς τοὺς αἰῶνας τῶν αἰώνων.

*Λαός*
Ἀμήν.

**Εὐχὴ β΄**

*Διάκονος*
Τοῦ Κυρίου δεηθῶμεν.

28

hast die Vermählung dort gesegnet, um zu zeigen, daß die gesetzmäßige Ehe und die Kinderzeugung in ihr dein Wille ist. Du selbst, allheiliger Gebieter, nimm unser, deiner Diener, Flehen an und sei zugegen auch hier wie dort durch deinen unsichtbaren Beistand. Segne diese Vermählung und gewähre diesen deinen Knechten N. N. und N. N. ein friedliches und langes Leben, Besonnenheit, gegenseitige Liebe im Bund des Friedens, langlebende Nachkommen, Gnade an den Kindern, den nie verwelkenden Kranz der Herrlichkeit. Würdige sie, ihre Kindeskinder zu sehen; bewahre ihre Ehegemeinschaft frei von Nachstellungen und gib ihnen von oben Anteil am Tau des Himmels und am Reichtum der Erde. Fülle ihre Häuser mit Korn, Wein, Öl und allem Wohlwollen, auf daß sie auch mit den Bedürftigen teilen. Gewähre auch den Mitanwesenden alles zu ihrem Heil Erbetene.

Denn ein Gott der Barmherzigkeit, des Erbarmens und der Menschenliebe bist du, und dir senden wir den Lobpreis empor, samt deinem anfanglosen Vater und deinem allheiligen und gütigen und lebenschaffenden Geist, jetzt und immerdar und in alle Ewigkeit.

*Volk*
Amen.


**Zweites Gebet**

*Diakon*
Laßt uns den Herrn bitten.

*Λαός*
Κύριε ἐλέησον.

*Ἱερεύς*
Εὐλογητὸς εἶ, Κύριε ὁ Θεὸς ἡμῶν, ὁ τοῦ μυστικοῦ καὶ ἀ-
χράντου γάμου ἱερουργὸς καὶ τοῦ σωματικοῦ νομοθέτης, ὁ
τῆς ἀφθαρσίας φύλαξ καὶ τῶν βιωτικῶν ἀγαθὸς οἰκονό-
μος· αὐτὸς καὶ νῦν, Δέσποτα, ὁ ἐν ἀρχῇ πλάσας τὸν ἄνθρωπον καὶ θέμενος αὐτὸν ὡς βασιλέα τῆς κτίσεως καὶ εἰ-
πών· οὐ καλὸν εἶναι τὸν ἄνθρωπον μόνον ἐπὶ τῆς γῆς, ποι-
ήσωμεν αὐτῷ βοηθὸν κατ᾽ αὐτόν· καὶ λαβὼν μίαν τῶν
πλευρῶν αὐτοῦ, ἔπλασας γυναῖκα, ἣν ἰδὼν Ἀδὰμ εἶπε· τοῦτο νῦν ὀστοῦν ἐκ τῶν ὀστῶν μου καὶ σὰρξ ἐκ τῆς σαρκός
μου· αὕτη κληθήσεται γυνή, ὅτι ἐκ τοῦ ἀνδρὸς αὐτῆς ἐλή-
φθη αὕτη· ἕνεκεν τούτου καταλείψει ἄνθρωπος τὸν πατέρα αὐτοῦ καὶ τὴν μητέρα καὶ προσκολληθήσεται τῇ ἰδίᾳ
γυναικί καὶ ἔσονται οἱ δύο εἰς σάρκα μίαν, καὶ οὓς ὁ Θεὸς
ἔζευξεν, ἄνθρωπος μὴ χωριζέτω·


Αὐτὸς καὶ νῦν, Δέσποτα, Κύριε ὁ Θεὸς ἡμῶν, κατάπεμψον
τὴν χάριν σου τὴν ἐπουράνιον ἐπὶ τοὺς δούλους σου τούτους (τὸν δεῖνα) καὶ (τὴν δεῖνα), καὶ δὸς [τῇ παιδίσκῃ ταύ-
τῃ ἐν πᾶσιν ὑποταγῆναι τῷ ἀνδρί, καὶ τὸν δοῦλόν σου
τοῦτον εἶναι εἰς κεφαλὴν τῆς γυναικός][1], ὅπως βιώσωσι
κατὰ τὸ θέλημά σου. Εὐλόγησον αὐτούς, Κύριε ὁ Θεὸς
ἡμῶν, ὡς εὐλόγησας τὸν Ἀβραὰμ καὶ τὴν Σάρραν· εὐλόγησον αὐτούς, Κύριε ὁ Θεὸς ἡμῶν, ὡς εὐλόγησας τὸν Ἰσαὰκ καὶ τὴν Ῥεβέκκαν· εὐλόγησον αὐτούς, Κύριε ὁ Θεὸς

---

[1] *Παρβλ. ἀν., σ. xxv κ. xxviii.*

*Volk*
Kyrie eleison.

*Priester*
Gepriesen bist du, Herr, unser Gott, Priester der geheimnisvollen und makellosen Ehe und Gesetzgeber der leiblichen Ehe, Hüter der Unversehrtheit und gütiger Haushalter der Lebensbedürfnisse; du selbst, Gebieter, der du am Anfang den Menschen geschaffen, ihn zum König der Schöpfung eingesetzt und gesagt hast: „Es ist nicht gut, daß der Mensch allein sei auf Erden; wir wollen ihm eine Hilfe machen, die ihm entspricht", hast eine von seinen Rippen genommen und daraus die Frau gebildet, vor deren Anblick Adam sprach: „Das ist nun Bein von meinem Bein und Fleisch von meinem Fleisch; Frau soll sie heißen, denn vom Mann ist sie genommen." Deswegen wird der Mann seinen Vater und seine Mutter verlassen und sich an seine Frau binden, und die zwei werden ein Fleisch sein. Die aber Gott zusammengefügt hat, soll der Mensch nicht trennen.

Du selbst, Gebieter, Herr, unser Gott, sende auch jetzt deine himmlische Gnade herab auf diese deine Knechte N. N. und N. N. und laß [diese Magd in allem ihrem Mann untertan und diesen deinen Knecht das Haupt der Frau sein, auf daß][1] sie nach deinem Willen leben. Segne sie, Herr, unser Gott, wie du Abraham und Sara* gesegnet hast; segne sie, Herr, unser Gott, wie du Isaak und Rebekka* gesegnet hast; segne sie, Herr, unser Gott, wie du Jakob und alle Stammväter gesegnet hast; segne sie, Herr, unser Gott, wie du

---

[1] *Siehe oben, S. xxv u. xxviii.*

ἡμῶν, ὡς εὐλόγησας τὸν Ἰακώβ καὶ πάντας τοὺς πατρι-
άρχας· εὐλόγησον αὐτούς, Κύριε ὁ Θεὸς ἡμῶν, ὡς εὐλόγησας τὸν Ἰωσὴφ καὶ τὴν Ἀσυνέθ· εὐλόγησον αὐτούς, Κύριε ὁ Θεὸς ἡμῶν, ὡς εὐλόγησας Μωσέα καὶ Σεπφόραν· εὐλόγησον αὐτούς, Κύριε ὁ Θεὸς ἡμῶν, ὡς εὐλόγησας Ἰωα-
κεὶμ καὶ τὴν Ἄνναν· εὐλόγησον αὐτούς, Κύριε ὁ Θεὸς ἡ-
μῶν, ὡς εὐλόγησας Ζαχαρίαν καὶ τὴν Ἐλισάβετ.

Διαφύλαξον αὐτούς, Κύριε ὁ Θεὸς ἡμῶν, ὡς διεφύλαξας
τὸν Νῶε ἐν τῇ κιβωτῷ· διαφύλαξον αὐτούς, Κύριε ὁ Θεὸς
ἡμῶν, ὡς διεφύλαξας τὸν Ἰωνᾶν ἐν τῇ κοιλίᾳ τοῦ κήτους·
διαφύλαξον αὐτούς, Κύριε ὁ Θεὸς ἡμῶν, ὡς διεφύλαξας
τοὺς ἁγίους τρεῖς Παῖδας ἐκ τοῦ πυρός, καταπέμψας αὐτοῖς δρόσον οὐρανόθεν. Καὶ ἔλθοι ἐπ' αὐτοὺς ἡ χαρὰ ἐκεί-
νη, ἣν ἔσχεν ἡ μακαρία Ἑλένη, ὅτε εὗρε τὸν τίμιον σταυ-
ρόν.

Μνημόνευσον αὐτῶν, Κύριε ὁ Θεὸς ἡμῶν, ὡς ἐμνημόνευσας τοῦ Ἐνώχ, τοῦ Σήμ, τοῦ Ἠλία. μνημόμευσον αὐτῶν,
Κύριε ὁ Θεὸς ἡμῶν, ὡς ἐμνημόνευσας τῶν ἁγίων σου τεσ-
σαράκοντα Μαρτύρων, καταπέμψας αὐτοῖς οὐρανόθεν
τοὺς στεφάνους· μνημόνευσον, Κύριε ὁ Θεὸς ἡμῶν, καὶ
τῶν ἀναθρεψάντων αὐτοὺς γονέων, ὅτι εὐχαὶ γονέων
στηρίζουσι θεμέλια οἴκων· μνημόνευσον, Κύριε ὁ Θεὸς ἡ-
μῶν, τῶν δούλων σου τῶν παρανύμφων, τῶν συνελθόν-
των εἰς τὴν χαρὰν ταύτην· μνημόνευσον, Κύριε ὁ Θεὸς ἡ-
μῶν, τοῦ δούλου σου (τοῦ δε) καὶ τῆς δούλης σου (τῆς
δε) καὶ εὐλόγησον αὐτούς. Δὸς αὐτοῖς καρπὸν κοιλίας,
καλλιτεκνίαν, ὁμόνοιαν ψυχῶν καὶ σωμάτων· ὕψωσον
αὐτοὺς ὡς τὰς κέδρους τοῦ Λιβάνου, ὡς ἄμπελον εὐκλη-
ματοῦσαν· δώρησαι αὐτοῖς σπέρμα στάχυος, ἵνα πᾶσαν
αὐτάρκειαν ἔχοντες, περισσεύσωσιν εἰς πᾶν ἔργον ἀγα-
θὸν καὶ σοὶ εὐάρεστον· ἴδωσιν υἱοὺς τῶν υἱῶν αὐτῶν· ὡς

Josef und Asenat\* gesegnet hast; segne sie, Herr, unser Gott, wie du Mose und Zippora\* gesegnet hast; segne sie, Herr, unser Gott, wie du Joachim und Anna\* gesegnet hast; segne sie, Herr, unser Gott, wie du Zacharias und Elisabet\* gesegnet hast.

Behüte sie, Herr, unser Gott, wie du Noah in der Arche behütet hast; behüte sie, Herr, unser Gott, wie du Jonas im Bauch des Seeungeheuers behütet hast; behüte sie, Herr, unser Gott, wie du die drei heiligen Jünglinge vor dem Feuer behütet hast, indem du ihnen Tau vom Himmel herabsandtest. Möge über sie jene Freude kommen, die die selige Helena hatte, als sie das ehrwürdige Kreuz fand.

Gedenke ihrer, Herr, unser Gott, wie du des Henoch, Sem, Elija gedacht hast; gedenke ihrer, Herr, unser Gott, wie du deiner heiligen vierzig Märtyrer gedacht hast, denen du Kränze vom Himmel herabgesandt hast; gedenke, Herr, unser Gott, auch ihrer Eltern, die sie aufgezogen haben; denn die Gebete der Eltern stützen die Fundamente der Häuser; gedenke, Herr, unser Gott, deiner Knechte, der Brautführer, die mitgekommen sind zu dieser Freude; gedenke, Herr, unser Gott, deines Knechtes N. N. und deiner Magd N. N. und segne sie. Gib ihnen Frucht des Leibes, reichen Kindersegen, Eintracht der Seelen und der Leiber; erhöhe sie wie die Zedern des Libanon, wie einen gut gewachsenen Weinstock; schenke ihnen ährenreiches Korn, so daß sie mit ihrer Wohlhabenheit reich werden an allen guten und dir wohlgefälligen Werken; und sie mögen sehen ihre Kindeskinder

νεόφυτα ἐλαιῶν κύκλῳ τῆς τραπέζης αὐτῶν· καὶ εὐαρε-
στήσαντες ἐνώπιόν σου, λάμψωσιν ὡς φωστῆρες ἐν
οὐρανῷ, ἐν σοὶ τῷ Κυρίῳ ἡμῶν· ᾧ πρέπει πᾶσα δόξα, κράτος, τιμὴ καὶ προσκύνησις, νῦν καὶ ἀεὶ καὶ εἰς τοὺς αἰῶνας
τῶν αἰώνων.

*Λαός*
Ἀμήν.


**Εὐχὴ γ΄**

*Διάκονος*
Τοῦ Κυρίου δεηθῶμεν.

*Λαός*
Κύριε ἐλέησον.

*Ἱερεύς*
Ὁ Θεὸς ὁ ἅγιος, ὁ πλάσας ἐκ χοὸς τὸν ἄνθρωπον, καὶ ἐκ
τῆς πλευρᾶς αὐτοῦ ἀνοικοδομήσας γυναῖκα καὶ συζεύξας αὐτῷ βοηθὸν κατ᾽ αὐτόν, διὰ τὸ οὕτως ἀρέσαι τῇ σῇ
μεγαλειότητι, μὴ μόνον εἶναι τὸν ἄνθρωπον ἐπὶ τῆς γῆς·
αὐτὸς καὶ νῦν, Δέσποτα, ἐξαπόστειλον τὴν χεῖρά σου ἐξ
ἁγίου κατοικητηρίου σου, καὶ ἅρμοσον τὸν δοῦλόν σου
(τόν δε) καὶ τὴν δούλην σου (τήν δε), ὅτι παρὰ σοῦ
ἁρμόζεται ἀνδρὶ γυνή. Σύζευξον αὐτοὺς ἐν ὁμοφροσύνῃ·
στεφάνωσον αὐτοὺς εἰς ἀγάπῃ ἕνωσον αὐτοὺς εἰς σάρκα
μίαν· χάρισαι αὐτοῖς καρπὸν κοιλίας αὐτῶν, εὐτεκνίας
ἀπόλαυσιν καὶ ἀκατάγνωστον διαγωγήν.

34

wie junge Ölbaumpflanzen rings um ihren Tisch; und indem sie sich vor dir wohlgefällig erweisen, mögen sie leuchten wie Sterne am Himmel, in dir, unserem Herrn, dem gebührt aller Ruhm, alle Macht, alle Ehre und Anbetung, jetzt und immerdar und in alle Ewigkeit.

*Volk*
Amen.

## Drittes Gebet

*Diakon*
Laßt uns den Herrn bitten.

*Volk*
Kyrie eleison.

*Priester*
Heiliger Gott, du hast aus Erde den Menschen geschaffen und aus seiner Rippe die Frau gebaut und sie zu seiner Hilfe mit ihm vereint, die ihm entspricht; denn es hat deiner Erhabenheit wohlgefallen, daß der Mensch nicht allein sei auf Erden; du selbst, Gebieter, strecke auch jetzt deine Hand aus deiner heiligen Wohnung und verbinde deinen Knecht N. N. mit deiner Magd N. N., denn durch dich wird die Frau mit dem Mann verbunden. Verbinde sie in Eintracht, kröne sie in Liebe, vereinige sie zu einem Fleisch, schenke ihnen Frucht ihres Leibes, Freude an vielen Kindern und untadeligen Wandel.

Ὅτι σὸν τὸ κράτος καὶ σοῦ ἐστιν ἡ βασιλεία καὶ ἡ δύναμις καὶ ἡ δόξα, τοῦ Πατρὸς καὶ τοῦ Υἱοῦ καὶ τοῦ ἁγίου Πνεύματος, νῦν καὶ ἀεὶ καὶ εἰς τοὺς αἰῶνας τῶν αἰώνων.

*Λαός*
Ἀμήν.


**Στέψις**

*Καὶ μετὰ τὸ Ἀμήν, λαβὼν ὁ Ἱερεὺς τοὺς στεφάνους, στέφει πρῶτον τὸν Νυμφίον, λέγων·*

Στέφεται ὁ δοῦλος τοῦ Θεοῦ (ὁ δεῖνα) τὴν δούλην τοῦ Θεοῦ (τήν δε), εἰς τὸ ὄνομα τοῦ Πατρὸς καὶ τοῦ Υἱοῦ καὶ τοῦ ἁγίου Πνεύματος. Ἀμήν.

*Τοῦτο δὲ λέγει ἐκ τρίτου, ποιῶν σχῆμα σταυροῦ.*


*Εἶτα στέφει καὶ τὴν Νύμφην ὁμοίως, λέγων·*


Στέφεται ἡ δούλη τοῦ Θεοῦ (ἡ δεῖνα) τὸν δοῦλον τοῦ Θεοῦ (τόν δε), εἰς τὸ ὄνομα τοῦ Πατρὸς καὶ τοῦ Υἱοῦ καὶ τοῦ ἁγίου Πνεύματος. Ἀμήν.

*Εἶτα τίθησι τὰ στέφανα ἐπὶ τὰς κεφαλὰς τῶν νυμφίων, λέγων ἐκ τρίτου·*

Κύριε ὁ Θεὸς ἡμῶν, δόξῃ καὶ τιμῇ στεφάνωσον αὐτούς.

Denn dein ist die Gewalt und die Herrschaft, die Macht und die Herrlichkeit, des Vaters und des Sohnes und des Heiligen Geistes, jetzt und immerdar und in alle Ewigkeit.

*V o l k*
Amen.

## Krönung

*Nach dem Amen nimmt der Priester die Kränze und krönt zuerst den Bräutigam, indem er spricht:*

Gekrönt [getraut] wird der Knecht Gottes N. N. mit der Magd Gottes N. N. im Namen des Vaters und des Sohnes und des Heiligen Geistes. Amen.

*Dies wiederholt er dreimal, indem er den Bräutigam bekreuzt.*

*Anschließend krönt er in gleicher Weise die Braut, indem er spricht:*

Gekrönt [getraut] wird die Magd Gottes N. N. mit dem Knecht Gottes N. N. im Namen des Vaters und des Sohnes und des Heiligen Geistes. Amen.

*Dann setzt er die Kränze auf die Köpfe der Brautleute, indem er dreimal spricht:*

Herr, unser Gott, mit Herrlichkeit und Ehre kröne sie.

## Ἀναγνώσματα

*Διάκονος*
Πρόσχωμεν.


*Προκείμενον*
Ψαλμ. 20ός, 4-5, ἦχος πλ. δ΄.

*Ἀναγνώστης*
Ἔθηκας ἐπὶ τὴν κεφαλὴν αὐτῶν στεφάνους ἐκ λίθων τι-
μίων.

*Στίχ.* Ζωὴν ἠτήσαντό σε καὶ ἔδωκας αὐτοῖς.

*Διάκονος*
Σοφία.

*Ἀναγνώστης*
Πρὸς Ἐφεσίους ἐπιστολῆς Παύλου τὸ ἀνάγνωσμα.
(Ἐφ. 5,20-33).

*Διάκονος*
Πρόσχωμεν.

*Ἀναγνώστης*
Ἀδελφοί, εὐχαριστεῖτε πάντοτε ὑπὲρ πάντων ἐν ὀνόματι
τοῦ Κυρίου ἡμῶν Ἰησοῦ Χριστοῦ, τῷ Θεῷ καὶ Πατρί, ὑπο-
τασσόμενοι ἀλλήλοις ἐν φόβῳ Χριστοῦ. Αἱ γυναῖκες τοῖς
ἰδίοις ἀνδράσιν ὑποτάσσεσθε ὡς τῷ Κυρίῳ, ὅτι ὁ ἀνὴρ
ἐστι κεφαλὴ τῆς γυναικός, ὡς καὶ ὁ Χριστὸς κεφαλὴ τῆς
Ἐκκλησίας· καὶ αὐτός ἐστι σωτὴρ τοῦ σώματος. Ἀλλ᾽
ὥσπερ ἡ Ἐκκλησία ὑποτάσσεται τῷ Χριστῷ, οὕτω καὶ αἱ

## Lesungen

*Diakon*
Laßt uns achtgeben.

*Prokimenon**
*Ps. 20[21], 4-5, 8. Ton*

*Lektor*
Kränze aus kostbaren Steinen hast du auf ihr Haupt gesetzt.

*Vers:* Leben erbaten sie von dir, und du gabst es ihnen.

*Diakon*
Weisheit!

*Lektor*
Lesung aus dem Brief des Paulus an die Epheser
*(Eph 5,20-33).*

*Diakon*
Laßt uns achtgeben.

*Lektor*
Brüder, sagt Dank Gott, dem Vater, allezeit für alles, im Namen unseres Herrn Jesus Christus. Ordnet euch einander unter in der Furcht Christi. Ihr Frauen, ordnet euch euren Männern unter wie dem Herrn, denn der Mann ist das Haupt der Frau, wie auch Christus das Haupt der Kirche ist, er, der Erretter des Lebens. Wie aber die Kirche sich Christus unter-

γυναῖκες τοῖς ἰδίοις ἀνδράσιν ἐν παντί. Οἱ ἄνδρες ἀγα-
πᾶτε τὰς γυναῖκας ἑαυτῶν, καθὼς καὶ ὁ Χριστὸς ἠγάπησε
τὴν Ἐκκλησίαν καὶ ἑαυτὸν παδέδωκεν ὑπὲρ αὐτῆς, ἵνα
αὐτὴν ἁγιάσῃ, καθαρίσας τῷ λουτρῷ τοῦ ὕδατος ἐν ῥή-
ματι, ἵνα παραστήσῃ αὐτὴν ἑαυτῷ ἔνδοξον τὴν Ἐκκλησίαν, μὴ ἔχουσαν σπίλον, ἢ ῥυτίδα, ἤ τι τῶν τοιούτων, ἀλλ'
ἵνα ᾖ ἁγία καὶ ἄμωμος. Οὕτως ὀφείλουσιν οἱ ἄνδρες ἀγα-
πᾶν τὰς ἑαυτῶν γυναῖκας ὡς τὰ ἑαυτῶν σώματα. Ὁ ἀγα-
πῶν τὴν ἑαυτοῦ γυναῖκα, ἑαυτὸν ἀγαπᾷ· οὐδεὶς γάρ ποτε
τὴν ἑαυτοῦ σάρκα ἐμίσησεν, ἀλλ' ἐκτρέφει καὶ θάλπει
αὐτήν, καθὼς καὶ ὁ Χριστὸς τὴν Ἐκκλησίαν· ὅτι μέλη ἐσμὲν
τοῦ σώματος αὐτοῦ, ἐκ τῆς σαρκὸς αὐτοῦ καὶ ἐκ τῶν
ὀστέων αὐτοῦ. Ἀντὶ τούτου καταλείψει ἄνθρωπος τὸν πατέρα αὐτοῦ καὶ τὴν μητέρα καὶ προσκολληθήσεται πρὸς
τὴν γυναῖκα αὐτοῦ, καὶ ἔσονται οἱ δύο εἰς σάρκα μίαν. Τὸ
μυστήριον τοῦτο μέγα ἐστίν, ἐγὼ δὲ λέγω εἰς Χριστὸν καὶ
εἰς τὴν Ἐκκλησίαν. Πλὴν καὶ ὑμεῖς οἱ καθ' ἕνα ἕκαστος τὴν
ἑαυτοῦ γυναῖκα οὕτως ἀγαπάτω ὡς ἑαυτόν, ἡ δὲ γυνὴ ἵνα
φοβῆται τὸν ἄνδρα.


*Κατ' ἐκλογὴν ἀνάγνωσμα*


*Ἀναγνώστης*
Πρὸς Κορινθίους Α΄ Ἐπιστολῆς Παύλου τὸ ἀνάγνωσμα
*(Α΄ Κορ. 13,1-13).*


*Διάκονος*
Πρόσχωμεν.


*Ἀναγνώστης*
Ἐὰν ταῖς γλώσσαις τῶν ἀνθρώπων λαλῶ καὶ τῶν ἀγγέ-
λων,


40

ordnet, so sollen sich auch die Frauen ihren Männern unterordnen in allem. Ihr Männer, liebt eure Frauen, wie auch Christus die Kirche geliebt und sich selbst für sie hingegeben hat, um sie zu heiligen, gereinigt durch das Wasserbad im Wort, damit er sie vor sich als eine herrliche Kirche stelle, ohne Flecken, Falten oder etwas dergleichen, sondern damit sie heilig und tadellos sei. So sollen auch die Männer ihre Frauen lieben wie ihren eigenen Leib. Wer seine Frau liebt, liebt sich selbst; denn niemand hat je sein eigenes Fleisch gehaßt, sondern er nährt und pflegt es, wie auch Christus die Kirche; denn wir sind Glieder seines Leibes, von seinem Fleisch und von seinem Gebein. „Deswegen wird der Mann seinen Vater und seine Mutter verlassen und sich an seine Frau binden, und die zwei werden ein Fleisch sein." Dieses Geheimnis ist groß; ich deute es auf Christus und die Kirche. Was euch angeht, so liebe jeder seine Frau wie sich selbst, die Frau aber ehre den Mann.


*Alternative Lesung*

*Lektor*
Lesung aus dem 1. Brief des Paulus an die Korinther
*(1 Kor 13,1-13).*

*Diakon*
Laßt uns achtgeben.

*Lektor*
Wenn ich in den Sprachen der Menschen und Engel redete,

ἀγάπην δὲ μὴ ἔχω,
γέγονα χαλκὸς ἠχῶν ἢ κύμβαλον ἀλαλάζον.
Καὶ ἐὰν ἔχω προφητείαν
καὶ εἰδῶ τὰ μυστήρια πάντα
καὶ πᾶσαν τὴν γνῶσιν,
καὶ ἐὰν ἔχω πᾶσαν τὴν πίστιν,
ὥστε ὄρη μεθιστάνειν,
ἀγάπην δὲ μὴ ἔχω,
οὐδέν εἰμι.
Καὶ ἐὰν ψωμίσω πάντα τὰ ὑπάρχοντά μου,
καὶ ἐὰν παραδῶ τὸ σῶμά μου ἵνα καυθήσομαι,
ἀγάπην δὲ μὴ ἔχω, οὐδὲν ὠφελοῦμαι.
Ἡ ἀγάπη μακροθυμεῖ,
χρηστεύεται,
ἡ ἀγάπη οὐ ζηλοῖ,
ἡ ἀγάπη οὐ περπερεύεται,
οὐ φυσιοῦται,
οὐκ ἀσχημονεῖ,
οὐ ζητεῖ τὰ ἑαυτῆς,
οὐ παροξύνεται,
οὐ λογίζεται τὸ κακόν,
οὐ χαίρει ἐπὶ τῇ ἀδικίᾳ,
συγχαίρει δὲ τῇ ἀληθείᾳ·
πάντα στέγει,
πάντα πιστεύει,
πάντα ἐλπίζει,
πάντα ὑπομένει,
Ἡ ἀγάπη οὐδέποτε ἐκπίπτει.
Εἴτε δὲ προφητεῖαι, καταργηθήσονται·
εἴτε γλῶσσαι, παύσονται·
εἴτε γνῶσις, καταργηθήσεται.
Ἐκ μέρους γὰρ γινώσκομεν
καὶ ἐκ μέρους προφητεύομεν·
ὅταν δὲ ἔλθῃ τὸ τέλειον,

hätte aber die Liebe nicht,
wäre ich dröhnendes Erz oder eine lärmende Pauke.
Und wenn ich prophetisch reden könnte
Und alle Geheimnisse wüßte
Und alle Erkenntnis hätte;
wenn ich alle Glaubenskraft besäße
und Berge damit versetzen könnte,
hätte aber die Liebe nicht,
wäre ich nichts.
Und wenn ich meine ganze Habe verschenkte
und wenn ich meinen Leib dem Feuer übergäbe,
hätte aber die Liebe nicht, nützte es mir nichts.
Die Liebe ist langmütig,
die Liebe ist gütig.
Sie ereifert sich nicht,
sie prahlt nicht,
sie bläht sich nicht auf.
Sie handelt nicht ungehörig,
sucht nicht ihren Vorteil,
läßt sich nicht zum Zorn reizen,
trägt das Böse nicht nach.
Sie freut sich nicht über das Unrecht,
sondern freut sich an der Wahrheit.
Sie erträgt alles,
glaubt alles,
hofft alles,
hält allem stand.
Die Liebe hört niemals auf.
Prophetisches Reden hat ein Ende,
Zungenrede verstummt,
Erkenntnis vergeht.

τότε τὸ ἐκ μέρους καταργηθήσεται.
Ὅτε ἤμην νήπιος,
ὡς νήπιος ἐλάλουν,
ὡς νήπιος ἐφρόνουν,
ὡς νήπιος ἐλογιζόμην·
ὅτε δὲ γέγονα ἀνήρ,
κατήργηκα τὰ τοῦ νηπίου.
Βλέπομεν γὰρ ἄρτι δι᾽ ἐσόπτρου
ἐν αἰνίγματι,
τότε δὲ πρόσωπον πρὸς πρόσωπον·
ἄρτι γινώσκω ἐκ μέρους,
τότε δὲ ἐπιγνώσομαι
καθὼς καὶ ἐπεγνώσθην,
νυνὶ δὲ μένει πίστις, ἐλπίς, ἀγάπη, τὰ τρία ταῦτα.
μείζων δὲ τούτων ἡ ἀγάπη.




*Ἱερεύς*
Εἰρήνη σοι.

*Λαός*
Ἀλληλούϊα. *(τρίς)*


*Στίχ.* Σύ, Κύριε, φυλάξαις ἡμᾶς, καὶ διατηρήσαις ἡμᾶς.

*Διάκονος*
Σοφία· ὀρθοί·
ἀκούσωμεν τοῦ ἁγίου Εὐαγγελίου.

Denn Stückwerk ist unser Erkennen,
Stückwerk unser prophetisches Reden;
wenn aber das Vollendete kommt,
vergeht alles Stückwerk.
Als ich ein Kind war,
redete ich wie ein Kind,
dachte wie ein Kind
und urteilte wie ein Kind.
Als ich ein Mann wurde,
legte ich ab, was Kind an mir war.
Jetzt schauen wir in einen Spiegel
und sehen nur rätselhafte Umrisse,
dann aber schauen wir von Angesicht zu Angesicht.
Jetzt erkenne ich unvollkommen,
dann aber werde ich durch und durch erkennen,
so wie ich auch durch und durch erkannt worden bin.
Für jetzt bleiben Glaube, Hoffnung, Liebe, diese drei;
doch am größten unter ihnen ist die Liebe.

*Priester*
Friede sei mit dir.

*Volk*
Alleluja. (*dreimal*)

*Vers:* Du, Herr, wirst uns behüten und bewahren.

*Diakon*
Weisheit! Steht aufrecht!
Laßt uns das heilige Evangelium hören.

*Ἱ ε ρ ε ύ ς*
Εἰρήνη πᾶσι.


*Λ α ό ς*
Καὶ τῷ πνεύματί σου.


*Ἱ ε ρ ε ύ ς*
Ἐκ τοῦ κατὰ Ἰωάννην ἁγίου Εὐαγγελίου τὸ ἀνάγνωσμα
(Ἰωάν. 2,1-11).


*Λ α ό ς*
Δόξα σοι, Κύριε, δόξα σοι.


*Δ ι ά κ ο ν ο ς*
Πρόσχωμεν.


*Ἱ ε ρ ε ύ ς*
Τῷ καιρῷ ἐκείνῳ γάμος ἐγένετο ἐν Κανᾶ τῆς Γαλιλαίας,
καὶ ἦν ἡ μήτηρ τοῦ Ἰησοῦ ἐκεῖ. Ἐκλήθη δὲ καὶ ὁ Ἰησοῦς
καὶ οἱ μαθηταὶ αὐτοῦ εἰς τὸν γάμον. Καὶ ὑστερήσαντος οἴνου λέγει ἡ μήτηρ τοῦ Ἰησοῦ πρὸς αὐτόν· οἶνον οὐκ ἔχουσι. Λέγει αὐτῇ ὁ Ἰησοῦς· τί ἐμοὶ καὶ σοί, γύναι; οὔπω ἥκει ἡ
ὥρα μου. Λέγει ἡ μήτηρ αὐτοῦ τοῖς διακόνοις· ὅ, τι ἂν λέγῃ
ὑμῖν, ποιήσατε. Ἦσαν δὲ ἐκεῖ ὑδρίαι λίθιναι ἕξ, κείμεναι
κατὰ τὸν καθαρισμὸν τῶν Ἰουδαίων, χωροῦσαι ἀνὰ μετρη-
τὰς δύο ἢ τρεῖς. Λέγει αὐτοῖς ὁ Ἰησοῦς· γεμίσατε τὰς ὑδρί-
ας ὕδατος· καὶ ἐγέμισαν αὐτὰς ἕως ἄνω. Καὶ λέγει αὐτοῖς·
ἀντλήσατε νῦν καὶ φέρετε τῷ ἀρχιτρικλίνῳ· καὶ ἤνεγκαν.
Ὡς δὲ ἐγεύσατο ὁ ἀρχιτρίκλινος τὸ ὕδωρ, οἶνον γεγενη-
μένον, καὶ οὐκ ᾔδει πόθεν ἐστίν· οἱ δὲ διάκονοι ᾔδεισαν οἱ
ἠντληκότες τὸ ὕδωρ· φωνεῖ τὸν νυμφίον ὁ ἀρχιτρίκλινος,
καὶ λέγει αὐτῷ· πᾶς ἄνθρωπος πρῶτον τὸν καλὸν οἶνον

*Priester*
Friede sei mit euch allen.

*Volk*
Und mit deinem Geist.

*Priester*
Lesung aus dem heiligen Evangelium nach Johannes
*(Joh 2,1-11).*

*Volk*
Ehre sei dir, o Herr, Ehre sei dir.

*Diakon*
Laßt uns achtgeben.

*Priester*
In jener Zeit fand zu Kana in Galiläa eine Hochzeit statt,
und die Mutter Jesu war da. Auch Jesus und seine Jünger
waren zur Hochzeit geladen. Und als der Wein ausging,
sagte die Mutter Jesu zu ihm: Sie haben keinen Wein. Jesus
sprach zu ihr: Frau, was mischt du dich ein in mein Werk?
Meine Stunde ist noch nicht gekommen. Seine Mutter sagte
zu den Dienern: Was er euch sagt, das tut. Es standen dort
sechs steinerne Wasserkrüge für die Reinigung nach jüdi-
scher Sitte; davon faßte jeder ungefähr hundert Liter. Jesus
sprach zu ihnen: Füllt die Krüge mit Wasser. Und sie füll-
ten sie bis zum Rand. Er sagte zu ihnen: Schöpft nun und
bringt es dem Speisemeister. Und sie brachten es ihm. Als
aber der Speisemeister das Wasser kostete, das zu Wein
geworden war, ohne zu wissen, woher er kam - die Diener

τίθησι, καὶ ὅταν μεθυσθῶσι, τότε τὸν ἐλάσσω· σὺ τετήρη-
κας τὸν καλὸν οἶνον ἕως ἄρτι. Ταύτην ἐποίησε τὴν ἀρχὴν
τῶν σημείων ὁ Ἰησοῦς ἐν Κανᾷ τῆς Γαλιλαίας καὶ ἐφανέ-
ρωσε τὴν δόξαν αὐτοῦ, καὶ ἐπίστευσαν εἰς αὐτὸν οἱ μαθηταὶ αὐτοῦ.


*Λαός*
Δόξα σοι, Κύριε, δόξα σοι.


**Ἐκτενής**

*Διάκονος*
Εἴπωμεν πάντες ἐξ ὅλης τῆς ψυχῆς καὶ ἐξ ὅλης τῆς δια-
νοίας ἡμῶν εἴπωμεν.

*Λαός*
Κύριε ἐλέησον. *(τρίς, μεθ'ἑκάστην δέησιν)*

*Διάκονος*
Κύριε παντοκράτορ, ὁ Θεὸς τῶν Πατέρων ἡμῶν, δεόμεθά
σου, ἐπάκουσον καὶ ἐλέησον.

Ἐλέησον ἡμᾶς, ὁ Θεός, κατὰ τὸ μέγα ἔλεός σου, δεόμεθά σου, ἐπάκουσον καὶ ἐλέησον.

Ἔτι δεόμεθα ὑπὲρ ἐλέους, ζωῆς, εἰρήνης, ὑγείας, σωτηρίας, ἐπισκέψεως τῶν δούλων σου (τοῦ δε) καὶ (τῆς δε),
τῶν νῦν συναπτομένων ἀλλήλοις εἰς γάμου κοινωνίαν, καὶ

aber, die das Wasser geschöpft hatten, wußten es -, rief der Speisemeister den Bräutigam und sagte zu ihm: Jedermann setzt zuerst den guten Wein vor und, wenn sie betrunken sind, den geringeren; du aber hast den guten Wein bis jetzt aufgehoben. Diesen Anfang der Zeichen tat Jesus zu Kana in Galiläa und offenbarte seine Herrlichkeit, und seine Jünger glaubten an ihn.

*Volk*
Ehre sei dir, o Herr, Ehre sei dir.

## Ektenie*

*Diakon*
Laßt uns alle sagen, aus ganzer Seele und von ganzem Verstand sagen.

*Volk*
Kyrie eleison. *(dreimal, nach jeder Bitte)*

*Diakon*
Allmächtiger Herr, Gott unserer Väter, wir bitten dich, erhöre uns und erbarme dich.

Gott, erbarme dich unser nach deiner großen Barmherzigkeit; wir bitten dich, erhöre uns und erbarme dich.

Auch bitten wir um Erbarmen, Leben, Frieden, Gesundheit, Heil und Fürsorge für deine Knechte N. N. und N. N., die jetzt miteinander zur ehelichen Gemeinschaft verbunden

ὑπὲρ τοῦ περιεστῶτος λαοῦ καὶ ἀπεκδεχομένου τὸ παρὰ σοῦ πλούσιον ἔλεος.

*Ἱερεύς*
Ὅτι ἐλεήμων καὶ φιλάνθρωπος Θεὸς ὑπάρχεις, καὶ σοὶ τὴν δόξαν ἀναπέμπομεν, τῷ Πατρὶ καὶ τῷ Υἱῷ καὶ τῷ ἁγίῳ Πνεύματι, νῦν καὶ ἀεὶ καὶ εἰς τοὺς αἰῶνας τῶν αἰώνων.

*Λαός*
Ἀμήν.

**Εὐχὴ δ´**

*Διάκονος*
Τοῦ Κυρίου δεηθῶμεν.

*Λαός*
Κύριε ἐλέησον.

*Ἱερεύς*
Κύριε ὁ Θεὸς ἡμῶν, ὁ ἐν τῇ σωτηριώδει σου οἰκονομίᾳ καταξιώσας ἐν Κανᾷ τῆς Γαλιλαίας τίμιον ἀναδεῖξαι τὸν γάμον διὰ τῆς σῆς παρουσίας, αὐτός, Δέσποτα, καὶ νῦν τοὺς δούλους σου (τὸν δεῖνα) καὶ (τὴν δεῖνα), οὓς εὐδόκησας συναφθῆναι ἀλλήλοις, ἐν εἰρήνῃ καὶ ὁμονοίᾳ διαφύλαξον· τίμιον αὐτοῖς τὸν γάμον ἀνάδειξον· ἀμίαντον αὐτῶν τὴν κοίτην διατήρησον· ἀκηλίδωτον αὐτῶν τὴν συμβίωσιν διαμεῖναι εὐδόκησον· καὶ καταξίωσον αὐτοὺς ἐν γήρει πίονι καταντῆσαι, ἐν καθαρᾷ τῇ καρδίᾳ ἐργαζομένους

werden, und für das umstehende Volk, das dein großes und reiches Erbarmen erhofft.

*Priester*
Denn du bist ein barmherziger und menschenliebender Gott, und dir senden wir den Lobpreis empor, dem Vater und dem Sohn und dem Heiligen Geist, jetzt und immerdar und in alle Ewigkeit.

*Volk*
Amen.


**Viertes Gebet**

*Diakon*
Laßt uns den Herrn bitten.

*Volk*
Kyrie eleison.

*Priester*
Herr, unser Gott, der du nach deiner heilbringenden Ordnung geruht hast, zu Kana in Galiläa die Ehe durch deine Anwesenheit als achtbar zu bezeugen, du selbst, Gebieter, bewahre nun auch deine Knechte N. N. und N. N., die miteinander zu verbinden dir wohlgefallen hat, in Frieden und Eintracht. Erweise ihnen die Ehe als achtbar. Bewahre ihre Ehegemeinschaft unbefleckt. Möge es dir wohlgefallen, daß ihr Zusammenleben makellos bleibe. Würdige sie, ein hohes Alter zu erreichen, indem sie deine Gebote

τὰς ἐντολάς σου.

Σὺ γὰρ εἶ ὁ Θεὸς ἡμῶν, Θεὸς τοῦ ἐλεεῖν καὶ σώζειν, καὶ σοὶ τὴν δόξαν ἀναπέμπομεν, σὺν τῷ ἀνάρχῳ σου Πατρὶ καὶ τῷ παναγίῳ καὶ ἀγαθῷ καὶ ζωοποιῷ σου Πνεύματι, νῦν καὶ ἀεὶ καὶ εἰς τοὺς αἰῶνας τῶν αἰώνων.

*Λαός*
Ἀμήν.

**Μεγάλη Συναπτή**

*Διάκονος*
Ἀντιλαβοῦ, σῶσον, ἐλέησον καὶ διαφύλαξον ἡμᾶς, ὁ Θεός, τῇ σῇ χάριτι.

*Λαός*
Κύριε ἐλέησον.

*Διάκονος*
Τὴν ἡμέραν πᾶσαν τελείαν, ἁγίαν, εἰρηνικὴν καὶ ἀναμάρτητον παρὰ τοῦ Κυρίου αἰτησώμεθα.

*Λαός*
Παράσχου, Κύριε. *(μεθ' ἑκάστην δέησιν)*

*Διάκονος*
Ἄγγελον εἰρήνης, πιστὸν ὁδηγόν, φύλακα τῶν ψυχῶν καὶ τῶν σωμάτων ἡμῶν παρὰ τοῦ Κυρίου αἰτησώμεθα.

reinen Herzens erfüllen.

Denn du bist unser Gott, ein barmherziger und menschenliebender Gott, und dir senden wir den Lobpreis empor samt deinem anfanglosen Vater und dem allheiligen, gütigen und lebenschaffenden Geist, jetzt und immerdar und in alle Ewigkeit.

*Volk*
Amen.


## Großes Bittgebet

*Diakon*
Hilf, rette, erbarme dich und beschütze uns, Gott, durch deine Gnade.

*Volk*
Kyrie eleison.

*Diakon*
Daß der ganze Tag vollkommen, heilig, friedlich und sündlos sei, laßt uns den Herrn bitten.

*Volk*
Gewähre, o Herr. *(nach jeder Bitte)*

*Diakon*
Einen Engel des Friedens, einen treuen Führer, Beschützer unserer Seelen und Leiber laßt uns vom Herrn erbitten.

Συγγνώμην καὶ ἄφεσιν τῶν ἁμαρτιῶν καὶ τῶν πλημμελημάτων ἡμῶν παρὰ τοῦ Κυρίου αἰτησώμεθα.

Τὰ καλὰ καὶ συμφέροντα ταῖς ψυχαῖς ἡμῶν, καὶ εἰρήνην τῷ κόσμῳ παρὰ τοῦ Κυρίου αἰτησώμεθα.

Τὸν ὑπόλοιπον χρόνον τῆς ζωῆς ἡμῶν ἐν εἰρήνῃ καὶ μετανοίᾳ ἐκτελέσαι παρὰ τοῦ Κυρίου αἰτησώμεθα.

Τὴν ἑνότητα τῆς πίστεως καὶ τὴν κοινωνίαν τοῦ ἁγίου Πνεύματος αἰτησάμενοι, ἑαυτοὺς καὶ ἀλλήλους καὶ πᾶσαν τὴν ζωὴν ἡμῶν Χριστῷ τῷ Θεῷ παραθώμεθα.

*Λαός*
Σοί, Κύριε.

*Ἱερεύς*
Καὶ καταξίωσον ἡμᾶς, Δέσποτα, μετὰ παρρησίας ἀκατακρίτως τολμᾶν ἐπικαλεῖσθαί σε τὸν ἐπουράνιον Θεὸν Πατέρα, καὶ λέγειν.

*Λαός*
Πάτερ ἡμῶν ὁ ἐν τοῖς οὐρανοῖς,
ἁγιασθήτω τὸ ὄνομά σου,
ἐλθέτω ἡ βασιλεία σου,
γενηθήτω τὸ θέλημά σου, ὡς ἐν οὐρανῷ καὶ ἐπὶ τῆς γῆς.
Τὸν ἄρτον ἡμῶν τὸν ἐπιούσιον δὸς ἡμῖν σήμερον.
Καὶ ἄφες ἡμῖν τὰ ὀφειλήματα ἡμῶν,
ὡς καὶ ἡμεῖς ἀφίεμεν τοῖς ὀφειλέταις ἡμῶν.
Καὶ μὴ εἰσενέγκῃς ἡμᾶς εἰς πειρασμόν,
ἀλλὰ ῥῦσαι ἡμᾶς ἀπὸ τοῦ πονηροῦ.

Vergebung und Nachlassung unserer Sünden und Verfehlungen laßt uns vom Herrn erbitten.

Das Gute und Nützliche für unsere Seelen und Frieden für die Welt laßt uns vom Herrn erbitten.

Die noch ausstehende Zeit unseres Lebens in Frieden und Buße zu vollenden, laßt uns vom Herrn erbitten.

Die Einheit des Glaubens und die Gemeinschaft des Heiligen Geistes erbittend, laßt uns uns selbst und einander und unser ganzes Leben Christus, Gott, überantworten.

*Volk*
Dir, o Herr.

*Priester*
Und würdige uns, Herr, mit Vertrauen und ohne Schuld es zu wagen, dich, den himmlischen Gott, als Vater anzurufen und zu sprechen.

*Volk*
Vater unser im Himmel,
geheiligt werde dein Name.
Dein Reich komme.
Dein Wille geschehe, wie im Himmel, so auf Erden.
Unser tägliches Brot gib uns heute.
Und vergib uns unsere Schuld,
wie auch wir vergeben unsern Schuldigern.
Und führe uns nicht in Versuchung,
sondern erlöse uns von dem Bösen.

*Ἱερεύς*
῞Οτι σοῦ ἐστιν ἡ βασιλεία
καὶ ἡ δύναμις καὶ ἡ δόξα,
τοῦ Πατρὸς καὶ τοῦ Υἱοῦ καὶ τοῦ ἁγίου Πνεύματος,
νῦν καὶ ἀεὶ καὶ εἰς τοὺς αἰῶνας τῶν αἰώνων.

*Λαός*
Ἀμήν.

*Ἱερεύς*
Εἰρήνη πᾶσι.

*Λαός*
Καὶ τῷ πνεύματί σου.

*Διάκονος*
Τὰς κεφαλὰς ὑμῶν τῷ Κυρίῳ κλίνατε.

*Λαός*
Σοί, Κύριε.

**Εὐλογία τοῦ ποτηρίου**

*Διάκονος*
Τοῦ Κυρίου δεηθῶμεν.

*Λαός*
Κύριε ἐλέησον.

*Ὁ Ἱερεὺς εὐλογῶν τὸ ποτήριον, λέγει τὴν εὐχὴν ταύ-*
56

*Priester*
Denn dein ist das Reich
und die Kraft und die Herrlichkeit,
des Vaters und des Sohnes und des Heiligen Geistes,
jetzt und immerdar und in alle Ewigkeit.

*Volk*
Amen.

*Priester*
Friede sei mit euch allen.

*Volk*
Und mit deinem Geist.

*Diakon*
Neigt eure Häupter vor dem Herrn.

*Volk*
Dir, o Herr.


**Kelchsegnung**

*Diakon*
Laßt uns den Herrn bitten.

*Volk*
Kyrie eleison.

*Der P r i e s t e r segnet den Kelch und spricht das folgende*

*την*

Ὁ Θεός, ὁ πάντα ποιήσας τῇ ἰσχύϊ σου καὶ στερεώσας τὴν οἰκουμένην καὶ κοσμήσας τὸν στέφανον πάντων τῶν πεποιημένων ὑπὸ σοῦ, καὶ τὸ ποτήριον τὸ κοινὸν τοῦτο παρεχόμενος τοῖς συναφθεῖσι πρὸς γάμου κοινωνίαν, εὐλόγησον εὐλογίᾳ πνευματικῇ.

Ὅτι ηὐλόγηταί σου τὸ ὄνομα καὶ δεδόξασταί σου ἡ βασιλεία, τοῦ Πατρὸς καὶ τοῦ Υἱοῦ καὶ τοῦ ἁγίου Πνεύματος, νῦν καὶ ἀεὶ καὶ εἰς τοὺς αἰῶνας τῶν αἰώνων.

*Λ α ό ς*
Ἀμήν.

*Εἶτα λαβὼν ὁ Ἱερεὺς ἐπὶ χεῖρας τὸ κοινὸν ποτήριον, μεταδίδωσιν αὐτοῖς ἐκ γ΄, πρῶτον τῷ ἀνδρί, καὶ αὖθις τῇ γυναικί. Καὶ εὐθέως λαβὼν αὐτοὺς ὁ Ἱερεύς, τοῦ συντέκνου κρατοῦντος ὄπισθεν τοὺς στεφάνους, στρέφει ὡς ἐν σχήματι κύκλου περὶ τὸ ἐν τῷ μέσῳ τραπεζίδιον ἐκ τρίτου.*

*Καὶ ψάλλουν ὁ Ἱερεὺς καὶ ὁ Λαὸς τὰ παρόντα τροπάρια, εἰς ἦχον πλ. α΄*

Ἡσαΐα χόρευε·
ἡ Παρθένος ἔσχεν ἐν γαστρὶ
καὶ ἔτεκεν Υἱόν, τὸν Ἐμμανουήλ,
Θεόν τε καὶ ἄνθρωπον.
Ἀνατολὴ ὄνομα αὐτῷ·
ὃν μεγαλύνοντες,

*Gebet:*

Gott, der du alles durch deine Kraft erschaffen, das Weltall befestigt und den Kranz aller von dir erschaffenen Dinge geschmückt hast, segne auch diesen gemeinsamen Kelch, den du den zur Gemeinschaft der Ehe Verbundenen darbietest, mit geistlichem Segen.

Denn gepriesen ist dein Name und verherrlicht dein Reich, des Vaters und des Sohnes und des Heiligen Geistes, jetzt und immerdar und in alle Ewigkeit.

*Volk*
Amen.

*Anschließend nimmt der Priester den gemeinsamen Kelch, reicht ihn den Brautleuten dreimal, zuerst dem Mann und dann der Frau. Darauf faßt er sie bei den Händen und führt sie dreimal um den in der Mitte aufgestellten Tisch herum, während der Brautführer ihnen die Kränze über den Häuptern hält.*

*Der Priester und das Volk singen die folgenden Troparien\* im 5. Ton:*

Jesaja, tanze:
Die Jungfrau hat empfangen im Schoß
und geboren den Sohn, Emanuel,
Gott und Menschen.
Aufgang ist sein Name;
ihn erhebend

τὴν Παρθένον μακαρίζομεν.

*Ἦχος βαρύς*

Ἅγιοι μάρτυρες,
οἱ καλῶς ἀθλήσαντες
καὶ στεφανωθέντες,
πρεσβεύσατε πρὸς Κύριον
ἐλεηθῆναι τὰς ψυχὰς ἡμῶν.


Δόξα σοι, Χριστὲ ὁ Θεός,
ἀποστόλων καύχημα,
μαρτύρων ἀγαλλίαμα,
ὧν τὸ κήρυγμα·
Τριὰς ἡ ὁμοούσιος.


*Εἶτα ἐπαίρει ὁ Ἱερεὺς τὸν στέφανον τοῦ Νυμφίου, λέγων·*


Μεγαλύνθητι, Νυμφίε, ὡς ὁ Ἀβραὰμ καὶ εὐλογήθητι ὡς ὁ Ἰσαὰκ καὶ πληθύνθητι ὡς ὁ Ἰακώβ, πορευόμενος ἐν εἰρήνη καὶ ἐργαζόμενος ἐν δικαιοσύνη τὰς ἐντολὰς τοῦ Θεοῦ.

*Καὶ ἐν τῷ τῆς Νύμφης λέγει·*

Καὶ σύ Νύμφη, μεγαλύνθητι ὡς ἡ Σάρρα καὶ εὐφράνθητι ὡς ἡ Ρεβέκκα καὶ πληθύνθητι ὡς ἡ Ραχήλ, εὐφραινομένη τῷ ἰδίῳ ἀνδρί, φυλάττουσα τοὺς ὅρους τοῦ νόμου, ὅτι οὕτως εὐδόκησεν ὁ Θεός.

preisen wir selig die Jungfrau.

## 6. Ton

Heilige Märtyrer,
die ihr trefflich gerungen habt
und gekrönt seid,
bittet den Herrn,
sich unserer Seelen zu erbarmen.

Ehre sei dir, Christus Gott,
Ruhm der Apostel,
Wonne der Märtyrer,
deren Verkündigung:
die wesenseine Dreieinigkeit.

*Anschließend nimmt der Priester den Kranz des Bräutigams
und spricht:*

Sei gepriesen, Bräutigam, wie Abraham\* und gesegnet wie
Isaak\* und vermehre dich wie Jakob\*, indem du in Frieden
wandelst und in Rechtschaffenheit die Gebote Gottes hältst.

*Und bei der Braut spricht er:*

Und du, Braut, sei gepriesen wie Sara und freudvoll wie
Rebekka\* und vermehre dich wie Rahel\*, indem du dich
freust an deinem Mann und die Grenzen des Gesetzes
beachtest; denn daran hat Gott Wohlgefallen.

**Εὐλογία**

*Διάκονος*
Τοῦ Κυρίου δεηθῶμεν.

*Λαός*
Κύριε ἐλέησον.

*Ἱερεύς*
Ὁ Θεός, ὁ Θεὸς ἡμῶν, ὁ παραγενόμενος ἐν Κανᾷ τῆς Γαλιλαίας, καὶ τὸν ἐκεῖσε γάμον εὐλογήσας, εὐλόγησον καὶ τοὺς δούλους σου τούτους, τοὺς τῇ σῇ προνοίᾳ πρὸς γάμου κοινωνίαν συναφθέντας· εὐλόγησον αὐτῶν εἰσόδους καὶ ἐξόδους· πλήθυνον ἐν ἀγαθοῖς τὴν ζωὴν αὐτῶν· ἀνάλαβε τοὺς στεφάνους αὐτῶν ἐν τῇ βασιλείᾳ σου, ἀσπίλους καὶ ἀμώμους καὶ ἀνεπιβουλεύτους διατηρῶν εἰς τοὺς αἰῶνας τῶν αἰώνων.

*Λαός*
Ἀμήν.

*Ἱερεύς*
Εἰρήνη πᾶσι.

*Λαός*
Καὶ τῷ πνεύματί σου.

*Διάκονος*
Τὰς κεφαλὰς ὑμῶν τῷ Κυρίῳ κλίνατε.

*Λαός*
Σοί, Κύριε.

## Segen

*Diakon*
Laßt uns den Herrn bitten.

*Volk*
Kyrie eleison.

*Priester*
Gott, unser Gott, der du zu Kana in Galiläa zugegen warst und dort die Hochzeit gesegnet hast, segne auch diese deine Knechte, die nach deiner Vorsehung zur Ehegemeinschaft verbunden sind. Segne ihre Eingänge und Ausgänge, mehre mit Gütern ihr Leben, hebe ihre Kränze in deinem Reich auf, indem du sie unbefleckt, tadellos und sicher vor Nachstellungen bewahrst in alle Ewigkeit.

*Volk*
Amen.

*Priester*
Friede sei mit euch allen.

*Volk*
Und mit deinem Geist.

*Diakon*
Neigt eure Häupter vor dem Herrn.

*Volk*
Dir, o Herr.

*Ἱερεύς*
Ὁ Πατήρ, ὁ Υἱὸς καὶ τὸ ἅγιον Πνεῦμα, ἡ παναγία καὶ ὁμοούσιος καὶ ζωαρχικὴ Τριάς, ἡ μία θεότης καὶ βασιλεία, εὐλογήσαι ὑμᾶς· καὶ παράσχοι ὑμῖν μακροζωΐαν, εὐτεκνίαν,
προκοπὴν βίου καὶ πίστεως· καὶ ἐμπλήσαι ὑμᾶς πάντων
τῶν ἐπὶ γῆς ἀγαθῶν· ἀξιώσαι ὑμᾶς καὶ τῶν ἐπηγγελμέ-
νων ἀγαθῶν τῆς ἀπολαύσεως· πρεσβείαις τῆς ἁγίας Θεοτόκου καὶ πάντων τῶν Ἁγίων.


*Λαός*
Ἀμήν.


*Εἶτα προσέρχονται οἱ οἰκεῖοι καὶ ἀσπαζόμενοι τοὺς νεο-
νύμφους ἐπεύχονται αὐτοῖς. Καὶ οὕτω γίνεται παρὰ τοῦ
Ἱερέως ἡ*


**Ἀπόλυσις**

*Ἱερεύς*
Δόξα σοι, ὁ Θεός, ἡ ἐλπὶς ἡμῶν, δόξα σοι.

*Ἀναγνώστης*
Δόξα Πατρὶ καὶ Υἱῷ καὶ ἁγίῳ Πνεύματι,
καὶ νῦν καὶ ἀεὶ καὶ εἰς τοὺς αἰῶνας τῶν αἰώνων. Ἀμήν.

Κύριε ἐλέησον. *(τρίς)*

Πάτερ ἅγιε, εὐλόγησον.

*Priester*

Der Vater, der Sohn und der Heilige Geist, die allheilige, wesenseine und lebenspendende Dreieinigkeit, die eine Gottheit und Herrschaft möge euch segnen und langes Leben, fruchtbar an Kindern, Fortschreiten im Leben und Glauben gewähren und euch mit allen Gütern der Erde erfüllen und des Genusses aller verheißenen Güter würdigen, durch die Fürbitten der heiligen Gottesgebärerin und aller Heiligen.

*Volk*

Amen.

*Anschließend kommen alle Hochzeitsgäste herbei, küssen die Neuvermählten und beglückwünschen sie. Der Priester vollzieht die*

## Entlassung

*Priester*

Ehre sei dir, Gott, unsere Hoffnung, Ehre sei dir.

*Lektor*

Ehre sei dem Vater und dem Sohn und dem Heiligen Geist, jetzt und immerdar und in alle Ewigkeit. Amen.

Kyrie eleison. *(dreimal)*

Heiliger Vater, segne.

Ὁ διὰ τῆς ἐν Κανᾷ ἐπιδημίας τίμιον ἀναδείξας τὸν γάμον, Χριστός, ὁ ἀληθινὸς Θεὸς ἡμῶν, ταῖς πρεσβείαις τῆς παναχράντου αὐτοῦ Μητρός, τῶν ἁγίων ἐνδόξων καὶ πανευφήμων Ἀποστόλων, τῶν ἁγίων θεοστέπτων βασιλέων καὶ ἰσαποστόλων, Κωνσταντίνου καὶ Ἑλένης, τοῦ ἁγίου μεγαλομάρτυρος Προκοπίου καὶ πάντων τῶν ἁγίων, ἐλεῆσαι καὶ σῶσαι ἡμᾶς ὡς ἀγαθὸς καὶ φιλάνθρωπος.

Δι᾽ εὐχῶν τῶν ἁγίων πατέρων ἡμῶν, Κύριε Ἰησοῦ Χριστὲ ὁ Θεὸς ἡμῶν, ἐλέησον ἡμᾶς.

*Λαός*
Ἀμήν.

Christus, unser wahrer Gott, der durch seine Gegenwart zu Kana in Galiläa die Ehe als achtbar bezeugt hat, möge sich unser erbarmen und uns retten durch die Fürbitten seiner ganz makellosen Mutter, der heiligen, ruhmreichen und allverehrten Apostel, der heiligen gottgekrönten Könige und apostelgleichen Konstantin und Helena, des heiligen Großmartyrers Prokopios und aller Heiligen, denn er ist gütig und menschenliebend.

Auf die Fürbitten unserer heiligen Väter, Herr Jesus Christus, unser Gott, erbarme dich unser.

*Volk*
Amen.

# Γ΄. ΕΥΧΗ ΕΙΣ ΤΗΝ ΛΥΣΙΝ ΤΩΝ ΣΤΕΦΑΝΩΝ

*Διάκονος*
Τοῦ Κυρίου δεηθῶμεν.


*Λαός*
Κύριε ἐλέησον.


*Ἱερεύς*
Κύριε ὁ Θεὸς ἡμῶν, ὁ τοῦ ἐνιαυτοῦ τὸν στέφανον εὐλογήσας, καὶ τοὺς παρόντας στεφάνους ἐπιτίθεσθαι παραδοὺς τοῖς νόμῳ γάμου συναπτομένοις ἀλλήλοις, καὶ μισθὸν ὥσπερ ἀπονέμων αὐτοῖς τὸν τῆς σωφροσύνης, ὅτι ἁγνοὶ πρὸς τὸν ὑπὸ σοῦ νομοθετηθέντα γάμον συνήφθησαν· αὐτὸς καὶ ἐν τῇ λύσει τῶν παρόντων στεφάνων τοὺς συναφθέντας ἀλλήλοις εὐλόγησον, καὶ τὴν συνάφειαν αὐτῶν ἀδιάσπαστον διατήρησον, ἵνα εὐχαριστῶσι διὰ παντὸς τῷ παναγίῳ ὀνόματί σου, τοῦ Πατρὸς καὶ τοῦ Υἱοῦ καὶ τοῦ ἁγίου Πνεύματος, νῦν καὶ ἀεὶ καὶ εἰς τοὺς αἰῶνας τῶν αἰώνων.

*Λαός*
Ἀμήν.


*Ἱερεύς*
Εἰρήνη πᾶσι.


*Λαός*
Καὶ τῷ πνεύματί σου.

## III. GEBET BEI ABNAHME DER KRÄNZE

*Diakon*
Laßt uns den Herrn bitten.

*Volk*
Kyrie eleison.

*Priester*
Herr, unser Gott, der du den Kranz des Jahres gesegnet und geboten hast, die Kränze den durch das Ehegesetz miteinander Verbundenen aufzusetzen, und dies ihnen als Lohn der Keuschheit gewährst, da sie rein in die von dir eingesetzte Ehe getreten sind, segne nun selbst bei der Abnahme dieser Kränze die miteinander Verbundenen und bewahre ihre Verbindung unzertrennlich, damit sie allezeit deinem allheiligen Namen danken, des Vaters und des Sohnes und des Heiligen Geistes, jetzt und immerdar und in alle Ewigkeit.

*Volk*
Amen.

*Priester*
Friede sei mit euch allen.

*Volk*
Und mit deinem Geist.

*Διάκονος*
Τὰς κεφαλὰς ὑμῶν τῷ Κυρίῳ κλίνατε.


*Λαός*
Σοί, Κύριε.

*Ἱερεύς*
Σύμφωνα καταντήσαντες οἱ δοῦλοί σου, Κύριε, καὶ τὴν ἀκαλουθίαν ἐκτελέσαντες τοῦ ἐν Κανᾷ τῆς Γαλιλαίας γάμου, καὶ συστέλλοντες τὰ κατ᾽ αὐτὸν σύμβολα, δόξαν σοι ἀναπέμπομεν, τῷ Πατρὶ καὶ τῷ Υἱῷ καὶ τῷ ἁγίῳ Πνεύματι, νῦν καὶ ἀεὶ καὶ εἰς τοὺς αἰῶνας τῶν αἰώνων.


*Λαός*
Ἀμήν.

**Ἀπόλυσις**

*Diakon*
Neigt eure Häupter vor dem Herrn.

*Volk*
Dir, o Herr.

*Priester*
Nachdem wir, deine Knechte, Herr, zur Einmütigkeit ge-
langt sind und den Gottesdienst der Hochzeit zu Kana in
Galiläa vollzogen haben, senden wir bei der Abnahme
seiner Zeichen dir den Lobpreis empor, dem Vater und dem
Sohn und dem Heiligen Geist, jetzt und immerdar und in
alle Ewigkeit.

*Volk*
Amen.

**Entlassung**

# Δ΄. ΑΚΟΛΟΥΘΙΑ ΕΙΣ ΔΙΓΑΜΟΝ

## Ἔναρξις

*Διάκονος*
Εὐλόγησον, δέσποτα.

*Ἱερεύς*
Εὐλογητὸς ὁ Θεὸς ἡμῶν πάντοτε,
νῦν καὶ ἀεὶ καὶ εἰς τοὺς αἰῶνας τῶν αἰώνων.

*Ἀναγνώστης*
Ἀμήν.

Ἅγιος ὁ Θεός,
ἅγιος ἰσχυρός,
ἅγιος ἀθάνατος,
ἐλέησον ἡμᾶς. *(τρίς)*

Δόξα Πατρὶ καὶ Υἱῷ καὶ ἁγίῳ Πνεύματι,
καὶ νῦν καὶ ἀεὶ καὶ εἰς τοὺς αἰῶνας τῶν αἰώνων. Ἀμήν.

Παναγία Τριάς, ἐλέησον ἡμᾶς.
Κύριε, ἱλάσθητι ταῖς ἁμαρτίαις ἡμῶν.
Δέσποτα, συγχώρησον τὰς ἀνομίας ἡμῖν.
Ἅγιε, ἐπίσκεψαι καὶ ἴασαι τὰς ἀσθενείας ἡμῶν,
ἕνεκεν τοῦ ὀνόματός σου.

Κύριε ἐλέησον. *(τρίς)*

# IV. GOTTESDIENST EINER ZWEITEN EHE

## Eröffnung

*Diakon*
Segne, Gebieter.

*Priester*
Gepriesen sei unser Gott allezeit,
jetzt und immerdar und in alle Ewigkeit.

*Lektor*
Amen.

Heiliger Gott,
heiliger Starker,
heiliger Unsterblicher,
erbarme dich unser. *(dreimal)*

Ehre sei dem Vater und dem Sohn und dem Heiligen Geist,
jetzt und immerdar und in alle Ewigkeit. Amen.

Allheilige Dreieinigkeit, erbarme dich unser.
Herr, verzeihe unsere Sünden.
Gebieter, vergib uns unsere Übertretungen.
Heiliger, sieh an und heile unsere Krankheiten
um deines Namens willen.

Kyrie eleison. *(dreimal)*

Δόξα Πατρὶ...
Καὶ νῦν...

Πάτερ ἡμῶν ὁ ἐν τοῖς οὐρανοῖς,
ἁγιασθήτω τὸ ὄνομά σου,
ἐλθέτω ἡ βασιλεία σου,
γενηθήτω τὸ θέλημά σου ὡς ἐν οὐρανῷ καὶ ἐπὶ τῆς γῆς.
Τὸν ἄρτον ἡμῶν τὸν ἐπιούσιον δὸς ἡμῖν σήμερον.
Καὶ ἄφες ἡμῖν τὰ ὀφειλήματα ἡμῶν,
ὡς καὶ ἡμεῖς ἀφίεμεν τοῖς ὀφειλέταις ἡμῶν.
Καὶ μὴ εἰσενέγκης ἡμᾶς εἰς πειρασμόν,
ἀλλὰ ῥῦσαι ἡμᾶς ἀπὸ τοῦ πονηροῦ.

*Ἱερεύς*
῞Οτι σοῦ ἐστιν ἡ βασιλεία
καὶ ἡ δύναμις καὶ ἡ δόξα,
τοῦ Πατρὸς καὶ τοῦ Υἱοῦ καὶ τοῦ ἁγίου Πνεύματος,
νῦν καὶ ἀεὶ καὶ εἰς τοὺς αἰῶνας τῶν αἰώνων.


**Τὸ Ἀπολυτίκιον τῆς ἡμέρας**

**Μεγάλη Συναπτή**

*Διάκονος*
Ἐν εἰρήνῃ τοῦ Κυρίου δεηθῶμεν.

*Λαός*
Κύριε ἐλέησον. *(μεθ᾽ ἑκάστην δέησιν)*

Ehre sein dem Vater...
Jetzt und immerdar...

Vater unser im Himmel,
geheiligt werde dein Name.
Dein Reich komme.
Dein Wille geschehe, wie im Himmel, so auf Erden.
Unser tägliches Brot gib uns heute.
Und vergib uns unsere Schuld,
wie auch wir vergeben unsern Schuldigern.
Und führe uns nicht in Versuchung,
sondern erlöse uns von dem Bösen.

*Priester*
Denn dein ist das Reich
Und die Kraft und die Herrlichkeit,
des Vaters und des Sohnes und des Heiligen Geistes,
jetzt und immerdar und in alle Ewigkeit.


**Das Apolytikion\* des Tages**

**Großes Bittgebet**

*Diakon*
Laßt uns in Frieden den Herrn bitten.

*Volk*
Kyrie eleison. *(nach jeder Bitte)*

*Διάκονος*
Ὑπὲρ τῆς ἄνωθεν εἰρήνης καὶ τῆς σωτηρίας τῶν ψυχῶν ἡμῶν τοῦ Κυρίου δεηθῶμεν.

Ὑπὲρ τῆς εἰρήνης τοῦ σύμπαντος κόσμου, εὐσταθείας τῶν ἁγίων τοῦ Θεοῦ Ἐκκλησιῶν καὶ τῆς τῶν πάντων ἑνώσεως τοῦ Κυρίου δεηθῶμεν.

Ὑπὲρ τοῦ ἁγίου οἴκου τούτου καὶ τῶν μετὰ πίστεως, εὐλαβείας καὶ φόβου θεοῦ εἰσιόντων ἐν αὐτῷ τοῦ Κυρίου δεηθῶμεν.

Ὑπὲρ τῶν δούλων τοῦ Θεοῦ (τοῦ δε) καὶ (τῆς δε), καὶ τῆς ἐν Θεῷ σκέπης καὶ συμβιώσεως αὐτῶν τοῦ Κυρίου δεηθῶμεν.

Ὑπὲρ τοῦ συζῆσαι αὐτοὺς καλῶς ἐν ὁμονοίᾳ τοῦ Κυρίου δεηθῶμεν.

Ἀντιλαβοῦ, σῶσον, ἐλέησον καὶ διαφύλαξον ἡμᾶς, ὁ Θεός, τῇ σῇ χάριτι.

Τῆς παναγίας, ἀχράντου, ὑπερευλογημένης, ἐνδόξου δεσποίνης ἡμῶν θεοτόκου καὶ ἀειπαρθένου Μαρίας μετὰ πάντων τῶν ἁγίων μνημονεύσαντες, ἑαυτοὺς καὶ ἀλλήλους καὶ πᾶσαν τὴν ζωὴν ἡμῶν Χριστῷ τῷ Θεῷ παραθώμεθα.

*Λαός*
Σοί, Κύριε.

Um den Frieden von oben und das Heil unserer Seelen laßt uns den Herrn bitten.

Um den Frieden der ganzen Welt, die rechte Standhaftigkeit der heiligen Kirchen Gottes und die Einigung aller laßt uns den Herrn bitten.

Für dieses heilige Haus und für alle, die mit Glauben, Andacht und Gottesfurcht dort eintreten, laßt uns den Herrn bitten.

Für die Knechte Gottes N. N., um den Schutz Gottes für sie und für ihr gemeinsames Leben laßt uns den Herrn bitten.

Daß sie gut und einträchtig miteinander leben, laßt uns den Herrn bitten.

Hilf, rette, erbarme dich und beschütze uns, Gott, durch deine Gnade.

Eingedenk unserer allheiligen, makellosen, hochgelobten und ruhmreichen Herrin, der Gottesgebärerin und Immerjungfrau Maria mit allen Heiligen laßt uns uns selbst und einander und unser ganzes Leben Christus, Gott, überantworten.

*Volk*
Dir, o Herr.

*Ἱερεύς*
Ὅτι πρέπει σοι πᾶσα δόξα, τιμὴ καὶ προσκύνησις, τῷ Πατρὶ καὶ τῷ Υἱῷ καὶ τῷ ἁγίῳ Πνεύματι, νῦν καὶ ἀεὶ καὶ εἰς τοὺς αἰῶνας τῶν αἰώνων.

*Λαός*
Ἀμήν.


**Εὐχὴ**

*Διάκονος*
Τοῦ Κυρίου δεηθῶμεν.

*Λαός*
Κύριε ἐλέησον.

*Ἱερεύς*
Ὁ Θεὸς ὁ αἰώνιος, ὁ τὰ διῃρημένα συναγαγὼν εἰς ἑνότητα, καὶ σύνδεσμον διαθέσεως τιθεὶς ἄρρηκτον· ὁ εὐλογήσας Ἰσαὰκ καὶ Ῥεβέκκαν, καὶ κληρονόμους αὐτοὺς τῆς σῆς ἐπαγγελίας ἀναδείξας· αὐτὸς εὐλόγησον καὶ τοὺς δούλους σου τούτους, ὁδηγῶν αὐτοὺς ἐν παντὶ ἔργῳ ἀγαθῷ.

Ὅτι ἐλεήμων καὶ φιλάνθρωπος Θεὸς ὑπάρχεις, καὶ σοὶ τὴν δόξαν ἀναπέμπομεν, τῷ Πατρὶ καὶ τῷ Υἱῷ καὶ τῷ ἁγίῳ Πνεύματι, νῦν καὶ ἀεὶ καὶ εἰς τοὺς αἰῶνας τῶν αἰώνων.


*Λαός*
Ἀμήν.

*Priester*
Denn dir gebührt aller Ruhm, alle Ehre und Anbetung, dem Vater und dem Sohn und dem Heiligen Geist, jetzt und immerdar und in alle Ewigkeit.

*Volk*
Amen.

## Gebet

*Diakon*
Laßt uns den Herrn bitten.

*Volk*
Kyrie eleison.

*Priester*
Ewiger Gott, du hast das Getrennte zur Einigung gebracht und ein unzerbrechliches Band der Zuneigung gesetzt; du hast Isaak und Rebekka* gesegnet und sie als Erben deiner Verheißung erwiesen. Du selbst segne auch diese deine Knechte, indem du sie in jedem guten Werk leitest.

Denn du bist ein barmherziger und menschenliebender Gott, und dir senden wir den Lobpreis empor, dem Vater und dem Sohn und dem Heiligen Geist, jetzt und immerdar und in alle Ewigkeit.

*Volk*
Amen.

## Εὐλογία τῶν μνήστρων

*Ἱερεύς*
Εἰρήνη πᾶσι.

*Λαός*
Καὶ τῷ πνεύματί σου.

*Διάκονος*
Τὰς κεφαλὰς ὑμῶν τῷ Κυρίῳ κλίνατε.

*Λαός*
Σοί, Κύριε.

*Ἱερεύς*
Κύριε ὁ Θεὸς ἡμῶν, ὁ τὴν ἐξ ἐθνῶν προμνηστευσάμενος ἑαυτῷ Ἐκκλησίαν παρθένον ἁγνήν, εὐλόγησον τὰ μνῆστρα ταῦτα, καὶ ἕνωσον καὶ διαφύλαξον τοὺς δούλους σου τούτους ἐν εἰρήνῃ καὶ ὁμονοίᾳ.

Σοὶ γὰρ πρέπει πᾶσα δόξα, τιμὴ καὶ προσκύνησις, τῷ Πατρὶ καὶ τῷ Υἱῷ καὶ τῷ ἁγίῳ Πνεύματι, νῦν καὶ ἀεὶ καὶ εἰς τοὺς αἰῶνας τῶν αἰώνων.

*Λαός*
Ἀμήν.

## Segnung der Verlobung

*Priester*
Friede sei mit euch allen.

*Volk*
Und mit deinem Geist.


*Diakon*
Neigt eure Häupter vor dem Herrn.

*Volk*
Dir, o Herr.

*Priester*
Herr, unser Gott, du hast dir aus den Völkern die Kirche als eine reine Jungfrau anverlobt, segne auch diese Verlobung, vereine und bewahre diese deine Knechte in Frieden und Eintracht.


Denn dir gebührt aller Ruhm, alle Ehre und Anbetung, dem Vater und dem Sohn und dem Heiligen Geist, jetzt und immerdar und in alle Ewigkeit.

*Volk*
Amen.

### Δακτυλοθέσιον

*Ὁ Ἱερεὺς λαβὼν τὸν δακτύλιον τοῦ ἀνδρὸς ποιεῖ μετὰ τοῦ δακτυλίου σταυρὸν τρὶς ἐπὶ τὴν κεφαλὴν τοῦ ἀνδρὸς λέγων·*

Ἀρραβωνίζεται ὁ δοῦλος τοῦ Θεοῦ  (ὁ δεῖνα) τὴν δούλην τοῦ Θεοῦ (τήν δε), εἰς τὸ ὄνομα τοῦ Πατρὸς καὶ τοῦ Υἱοῦ καὶ τοῦ ἁγίου Πνεύματος. Ἀμήν. *(τρίς)*

*Εἶτα ἐπιτίθησι τὸν δακτύλιον τῷ δεξιῷ δακτύλῳ τοῦ ἀνδρός.*

*Εἶτα καὶ τῇ γυναικὶ ὁμοίως, λέγων·*

Ἀρραβωνίζεται ἡ δούλη τοῦ Θεοῦ  (ἡ δεῖνα) τὸν δοῦλον τοῦ Θεοῦ (τόν δε), εἰς τὸ ὄνομα τοῦ Πατρὸς καὶ τοῦ Υἱοῦ καὶ τοῦ ἁγίου Πνεύματος. Ἀμήν. *(τρίς)*

*Καὶ ἐπιτίθησι τὸν δακτύλιον τῷ δεξιῷ δακτύλῳ τῆς γυναικός.*

*Εἶτα ἀλλάσσει τὰ δακτύλια τῶν νεονύμφων ὁ σύντεκνος.*

## Ringzeremonie

*Der Priester nimmt den Ring des Bräutigams, macht mit ihm dreimal das Kreuzzeichen über dem Haupt des Bräutigams und spricht:*

Verlobt wird der Knecht Gottes N. N. mit der Magd Gottes N. N., im Namen des Vaters und des Sohnes und des Heiligen Geistes. Amen. (*dreimal*)

*Anschließend steckt er den Ring an den rechten Ringfinger des Bräutigams.*

*Dann wendet er sich in gleicher Weise der Braut zu und spricht:*

Verlobt wird die Magd Gottes N. N. mit dem Knecht Gottes N. N., im Namen des Vaters und des Sohnes und des Heiligen Geistes. Amen. (*dreimal*)

*Nun steckt er den Ring an den rechten Ringfinger der Braut.*

*Anschließend wechselt der Brautführer die Ringe der Brautleute.*

## Εὐχὴ α΄

Τοῦ Κυρίου δεηθῶμεν.

Κύριε ἐλέησον.

Δέσποτα Κύριε ὁ Θεὸς ἡμῶν, ὁ πάντων φειδόμενος, καὶ πάντων προνοούμενος, ὁ τὰ κρυπτὰ γινώσκων τῶν ἀνθρώπων, καὶ πάντων τὴν γνῶσιν ἔχων, ἱλάσθητι ταῖς ἁμαρτίαις ἡμῶν, καὶ τὰς ἀνομίας συγχώρησον τῶν σῶν ἱκετῶν, καλῶν αὐτοὺς εἰς μετάνοιαν, παρέχων αὐτοῖς συγγνώμην παραπτωμάτων, ἁμαρτιῶν ἱλασμόν, συγχώρησιν ἀνομιῶν ἑκουσίων τε καὶ ἀκουσίων· ὁ εἰδὼς τὸν ἀσθενὲς τῆς ἀνθρωπίνης φύσεως, ὁ πλάστης καὶ δημιουργός, ὁ Ῥαὰβ τῇ πόρνῃ συγχωρήσας, καὶ τοῦ Τελώνου τὴν μετάνοιαν προσδεξάμενος, μὴ μνησθῇς ἁμαρτημάτων ἡμῶν ἀγνοίας ἐκ νεότητος· ἐὰν γὰρ ἀνομίας παρατηρήσῃς, Κύριε, Κύριε, τίς ὑποστήσεται; ἢ ποία σάρξ δικαιωθήσεται ἐνώπιόν σου; Σὺ γὰρ μόνος ὑπάρχεις δίκαιος, ἀναμάρτητος, ἅγιος, πολυεύσπλαγχνος, καὶ μετανοῶν ἐπὶ κακίαις ἀνθρώπων. Σύ, Δέσποτα, οἰκειωσάμενος τοὺς δούλους σου (τὸν δεῖνα) καὶ (τὴν δεῖνα), ἕνωσον τῇ πρὸς ἀλλήλους ἀγάπῃ· δώρησαι αὐτοῖς τοῦ Τελώνου τὴν ἐπιστροφήν, τῆς Πόρνης τὰ δάκρυα, τοῦ Λῃστοῦ τὴν ἐξομολόγησιν, ἵνα διὰ μετανοίας ἐξ ὅλης καρδίας αὐτῶν, ἐν ὁμονοίᾳ καὶ εἰρήνῃ τὰς ἐντολάς σου ἐργαζόμενοι, καταξιωθῶσι καὶ τῆς ἐπουρανίου σου βασιλείας.

### Erstes (Buß)gebet

*Diakon*
Laßt uns den Herrn bitten.

*Volk*
Kyrie eleison.

*Priester*
Gebieter, Herr, unser Gott, der du allen mild gesinnt bist und für alle sorgst, der du das Verborgene der Menschen kennst und alles weißt, verzeihe unsere Sünden und vergib deinen Dienern ihre Frevel, indem du sie zur Buße rufst, ihnen Vergebung ihrer Übertretungen gewährst, Verzeihung der Sünden, Vergebung der absichtlichen und unabsichtlichen Übertretungen; der du die Schwäche der menschlichen Natur kennst, der Bildner und Schöpfer, der du der Dirne Rahab verziehen und die Reue des Zöllners angenommen hast, gedenke nicht der Sünden unserer Unwissenheit von Jugend auf; denn würdest du, Herr, o Herr, die Sünden beachten, wer könnte dann bestehen oder welches Fleisch würde gerecht vor dir? Denn du allein bist gerecht, ohne Sünde, heilig, voll Barmherzigkeit und Mitleid, und dich reut die Missetat der Menschen. Du, Gebieter, der du deinen Knecht N. N. und deine Magd N. N. dir zu eigen gemacht hast, verbinde sie einander durch die Liebe, schenke ihnen die Bekehrung des Zöllners, die Tränen der Dirne, das Bekenntnis des Räubers, damit sie durch Buße von ganzem Herzen, in Eintracht und Frieden deine Gebote erfüllend, auch deines himmlischen Reiches würdig befunden werden.

῞Οτι σὺ εἶ ὁ οἰκονόμος πάντων, καὶ σοὶ τὴν δόξαν ἀναπέμπομεν, τῷ Πατρὶ καὶ τῷ Υἱῷ καὶ τῷ ἁγίῳ Πνεύματι, νῦν καὶ ἀεὶ καὶ εἰς τοὺς αἰῶνας τῶν αἰώνων.

*Λ α ό ς*
Ἀμήν.


**Εὐχὴ β΄**

*Ἱ ε ρ ε ύ ς*
Εἰρήνη πᾶσι.


*Λ α ό ς*
Καὶ τῷ πνεύματί σου.


*Δ ι ά κ ο ν ο ς*
Τὰς κεφαλὰς ὑμῶν τῷ Κυρίῳ κλίνατε.


*Λ α ό ς*
Σοί, Κύριε.


*Ἱ ε ρ ε ύ ς*
Κύριε Ἰησοῦ Χριστέ, Λόγε τοῦ Θεοῦ, ὁ ὑψωθεὶς ἐπὶ τοῦ τιμίου καὶ ζωοποιοῦ σταυροῦ, τὸ καθ᾿ ἡμᾶς διαρρήξας χειρόγραφον, καὶ τῆς δυναστείας τοῦ διαβόλου ῥυσάμενος ἡμᾶς, ἱλάσθητι ταῖς ἀνομίαις τῶν δούλων σου, ὅτι τὸν καύσωνα καὶ τὸ βάρος τῆς ἡμέρας, καὶ τῆς σαρκὸς τὴν πύρωσιν μὴ ἰσχύοντες βαστάζειν, εἰς γάμου δευτέραν κοινωνίαν συνέρχονται, καθὼς ἐνομοθέτησας διὰ τοῦ σκεύους τῆς ἐκλογῆς σου, Παύλου τοῦ ἀποστόλου, εἰπὼν δι᾿ ἡμᾶς τοὺς ταπεινούς, τὸ κρεῖσσον ἐν Κυρίῳ γαμεῖν ἢ πυροῦ-

86

Denn du bist der Haushälter über alles, und dir senden wir den Lobpreis empor, dem Vater und dem Sohn und dem Heiligen Geist, jetzt und immerdar und in alle Ewigkeit.

*Volk*
Amen.

## Zweites (Buß)gebet

*Priester*
Friede sei mit euch allen.

*Volk*
Und mit deinem Geist.

*Diakon*
Neigt eure Häupter vor dem Herrn.

*Volk*
Dir, o Herr.

*Priester*
Herr Jesus Christus, du Logos Gottes, der du, auf das ehrwürdige und lebenschaffende Kreuz erhöht, unseren Schuldschein zerrissen und uns aus der Macht des Teufels erlöst hast, verzeihe die Frevel deiner Knechte, die, da sie die Hitze und die Last des Tages und das Brennen des Fleisches nicht zu tragen vermögen, zu einer zweiten Ehegemeinschaft zusammentreten, wie du es durch das Gefäß deiner Erwählung, den Apostel Paulus, für uns Niedrige

σθαι. Αὐτός, ὡς ἀγαθὸς καὶ φιλάνθρωπος, ἐλέησον καὶ συγχώρησον, ἱλάσθητι, ἄνες, ἄφες τὰ ὀφειλήματα ἡμῶν, ὅτι σὺ εἶ ὁ τὰς νόσους ἡμῶν ἐπὶ τῶν ὤμων ἀράμενος· οὐδεὶς γὰρ ἐστιν ἀναμάρτητος, οὐδ᾽ ἂν μία ἡμέρα ὁ βίος αὐτοῦ ἐστιν, ἢ χωρὶς ῥύπου, εἰ μὴ σὺ μόνος ὁ σάρκα φορέσας ἀναμαρτήτως, καὶ τὴν αἰώνιον ἡμῖν δωρησάμενος ἀπάθειαν.

Ὅτι σὺ εἶ ὁ Θεός, Θεὸς τῶν μετανοούντων, καὶ σοὶ τὴν δόξαν ἀναπέμπομεν, τῷ Πατρὶ καὶ τῷ Υἱῷ καὶ τῷ ἁγίῳ Πνεύματι, νῦν καὶ ἀεὶ καὶ εἰς τοὺς αἰῶνας τῶν αἰώνων.

*Λαός*
Ἀμήν.

**Εὐχὴ γ΄ καὶ ἑξῆς**

*ὡς ἐν τῇ Ἀκολουθίᾳ τοῦ Στεφανώματος (σ. 34 καὶ ἑξῆς).*

gesagt hast: „Es ist besser, im Herrn zu heiraten als zu brennen." Du nun als Gütiger und Menschenliebender, erbarme dich und laß nach, verzeihe, erlaß, vergib unsere Schuld, da du es bist, der unsere Gebrechen sich auf die Schultern geladen hat. Denn niemand ist ohne Sünde, selbst wenn sein Leben einen Tag dauert, oder ohne Fleck, außer du allein, der du ohne Sünde Fleisch angenommen und uns die ewige Leidenschaftslosigkeit geschenkt hast.

Denn du bist der Gott, Gott der Bußfertigen, und dir senden wir den Lobpreis empor, dem Vater und dem Sohn und dem Heiligen Geist, jetzt und immerdar und in alle Ewigkeit.

*Volk*
Amen.


**Drittes Gebet - Ende**

*wie beim Gottesdienst der Krönung*
*(S. 35ff).*

# ΠΑΡΑΡΤΗΜΑ


# ΑΙ ΑΚΟΛΟΥΘΙΑ ΤΟΥ ΑΡΡΑΒΩΝΟΣ
## ΚΑΙ ΤΟΥ ΣΤΕΦΑΝΩΜΑΤΟΣ
### συνημμένως τῇ Θείᾳ Λειτουργίᾳ
### (κατ᾽ ἀρχαῖον ἔθος)


Εἰς τὸ τέλος τῆς *Δοξολογίας* καὶ μετὰ τὴν *Ἀπόλυσιν τοῦ Ὄρθρου*, προσάγονται οἱ Νυμφίοι καὶ τελεῖται εἰς τὸν Σολέα ἡ Ἀκολουθία τοῦ Ἀρράβονος (ἀν., σ. 2-16). Εἶθ᾽ οὕτως οἱ Νυμφίοι ἵστανται ἐνώπιον τῆς εἰκόνος τοῦ Σωτῆρος Χριστοῦ, καὶ ἄρχεται ἡ **Θεία Λειτουργία** (Κείμενον: Liturgie. Die Göttliche Liturgie der Orthodoxen Kirche. Deutsch – Griechisch – Kirchenslawisch. Herausgegeben und erläutert von Anastasios Kallis [Doxologie IV], Münster [4]2000).


Μετὰ τὴν *Ἐναρκτήριον Δοξολογίαν* (Liturgie, σ. 45) λέγει ὁ Διάκονος τὴν **Μεγάλην Συναπτήν** (ἀν., σ. 20-24).

Ἀντὶ τῆς Εὐχῆς τοῦ Α΄ Ἀντιφώνου λέγει ὁ Ἱερεὺς τὴν **Α΄ Εὐχὴν τοῦ Γάμου** (ἀν., σ. 26-28).


**Ἀντίφωνον Α΄**

*Λαός*
Μακάριοι πάντες οἱ φοβούμενοι τὸν Κύριον.

90

# ANHANG

## DIE GOTTESDIENSTE
### DER VERLOBUNG UND KRÖNUNG
in Verbindung mit der Göttlichen Liturgie
(nach alter Tradition)

Am Ende der *Doxologie* und nach der *Entlassung des Morgengottesdienstes* werden die Brautleute in die Kirche geführt und wird vor dem Solea der Gottesdienst der Verlobung gefeiert (oben, S. 3-17). Anschließend gehen die Brautleute vor die Ikone des Heilandes Christus und beginnt die **Göttliche Liturgie** (*Text:* Liturgie. Die Göttliche Liturgie der Orthodoxen Kirche. Deutsch - Griechisch - Kirchenslawisch. Herausgegeben und erläutert von Anastasios Kallis [Doxologie IV], Münster [4]2000).

Nach der *Einleitungsdoxologie* (Liturgie, S. 44) spricht der Diakon das **Große Bittgebet** (oben, S. 23-25).

An Stelle des *Gebets zur Ersten Antiphon* spricht der Priester das **Erste Gebet der Trauung** (oben, S. 27-29).


**Erste Antiphon**

*Volk*
Selig alle, die den Herrn fürchten.

Ταῖς πρεσβείαις τῆς Θεοτόκου, σῶτερ, σῶσον ἡμᾶς.

Οἱ πορευόμενοι ἐν ταῖς ὁδοῖς αὐτοῦ.

Ταῖς πρεσβείαις...

Τοὺς πόνους τῶν καρπῶν σου φάγεσαι.

Ταῖς πρεσβείαις...

Δόξα Πατρὶ καὶ Υἱῷ καὶ ἁγίῳ Πνεύματι,
καὶ νῦν καὶ ἀεὶ καὶ εἰς τοὺς αἰῶνας τῶν αἰώνων. Ἀμήν.

Ταῖς πρεσβείαις...

Ὁ *Διάκονος* τὴν **Μικρὰν Συναπτήν** (Liturgie, σ. 53-55).


Ἀντὶ τῆς *Εὐχῆς τοῦ Β´ Ἀντιφώνου* λέγει ὁ *Ἱερεὺς* τὴν **Β´ Εὐχὴν τοῦ Γάμου** (ἀν., σ. 30-34).


**Ἀντίφωνον Β´**

Μακάριος εἶ καὶ καλῶς σοι ἔσται.

Σῶσον ἡμᾶς, Υἱὲ Θεοῦ,
ὁ ἀναστὰς ἐκ νεκρῶν,
ψάλλοντάς σοι· Ἀλληλούϊα.

Ἡ γυνή σου ὡς ἄμπελος εὐθηνοῦσα

Durch die Fürbitten der Gottesgebärerin, Retter, rette uns.

Die da wandern auf seinen Wegen.

Durch die Fürbitten...

Die Früchte deiner Mühen wirst du verzehren.

Durch die Fürbitten...

Ehre sei dem Vater und dem Sohn und dem Heiligen Geist, jetzt und immerdar und in alle Ewigkeit. Amen.

Durch die Fürbitten...

Der *Diakon* spricht das **Kleine Bittgebet** (Liturgie, S. 52/54).

An Stelle des *Gebets zur Zweiten Antiphon* spricht der *Priester* das **Zweite Gebet der Trauung** (oben, S. 31-35).


**Zweite Antiphon**

Selig bist du, und es wird dir gut gehen.

Rette uns, Sohn Gottes,
von den Toten auferstanden,
die wir dir singen: Alleluja.

Deine Frau ist wie ein fruchtbarer Weinstock

ἐν τοῖς κλίτεσι τῆς οἰκίας σου.

Σῶσον ἡμᾶς...

Οἱ υἱοί σου ὡς νεόφυτα ἐλαιῶν
κύκλῳ τῆς τραπέζης σου.

Σῶσον ἡμᾶς...

Δόξα Πατρὶ καὶ Υἱῷ καὶ ἁγίῳ Πνεύματι,
καὶ νῦν καὶ ἀεὶ καὶ εἰς τοὺς αἰῶνας τῶν αἰώνων. Ἀμήν.

Ὁ μονογενὴς Υἱὸς καὶ Λόγος τοῦ Θεοῦ... (Liturgie, σ. 57).

Ὁ *Διάκονος* τὴν **Μικρὰν Συναπτήν** (Liturgie, σ. 59).

Ἀντὶ τῆς *Εὐχῆς τοῦ Γ´ Ἀντιφώνου* λέγει ὁ *Ἱερεὺς* τὴν **Γ´ Εὐχὴν τοῦ Γάμου** (ἀν., σ. 34-36).


**Ἀντίφωνον Γ´**

Ἰδοὺ οὕτως εὐλογηθήσεται ἄνθρωπος
ὁ φοβούμενος τὸν Κύριον.

*Τὸ Ἀπολυτίκιον τῆς ἡμέρας*

Εὐλογήσαι σε Κύριος ἐκ Σιών,
καὶ ἴδοις τὰ ἀγαθὰ Ἱερουσαλὴμ πάσας τὰς ἡμέρας τῆς
ζωῆς σου.

an den Wänden deines Hauses.

Rette uns...

Deine Kinder wie junge Ölbaumpflanzen
rings um deinen Tisch.

Rette uns...

Ehre sei dem Vater und dem Sohn und dem Heiligen Geist,
jetzt und immerdar und in alle Ewigkeit. Amen.

Der einziggeborene Sohn und Wort Gottes... (Liturgie, S. 56-58).

Der *Diakon* spricht das **Kleine Bittgebet** (Liturgie, S. 58).

An Stelle des *Gebets zur Dritten Antiphon* spricht der *Priester* das **Dritte Gebet der Trauung** (oben, S. 35-37).


**Dritte Antiphon**

Siehe, so wird der Mensch gesegnet,
der den Herrn fürchtet.

*Das Apolytikion des Tages*

Der Herr segne dich aus Zion
Und lasse dich sehen das Glück Jerusalems alle Tage
deines Lebens.

*Τὸ Ἀπολυτίκιον τῆς ἡμέρας*

Καὶ ἴδοις υἱοὺς τῶν υἱῶν σου.
Εἰρήνη ἐπὶ τὸν Ἰσραήλ.

*Τὸ Ἀπολυτίκιον τῆς ἡμέρας*

Μετὰ τὴν *Μικρὰν Εἴσοδον* καὶ τὸ *Κοντάκιον* (Liturgie, σ. 63-67), οἱ Νυμφίοι ἔρχονται εἰς τὸν Σολέα, κατενώπιον τῆς Θύρας, ὁ δὲ Ἱερεὺς ἐξερχόμενος ποιεῖ τὴν *στέψιν* (ἀν., σ. 36).

**Τρισάγιον** (Liturgie, σ. 67-71)

**Εὐχὴ τῆς καθέδρας** (Liturgie, σ. 71-73)

**Ἀναγνώσματα** (ἀν., σ. 38-48)

**Ἐκτενής** (ἀν., σ. 48-50)

**Εὐχὴ δ´** (ἀν., σ. 50-52)

Εἶθ᾽ οὕτως οἱ Νυμφίοι ἔρχονται ἐνώπιον τῆς εἰκόνος τῆς Θεοτόκου. Καὶ συνεχίζεται ἡ **Λειτουργία τῶν πιστῶν** (Liturgie, σ. 89 καὶ ἑξῆς).

Κατὰ τὴν **Κοινωνίαν τῶν πιστῶν** (Liturgie, σ. 171) ἔρχονται οἱ Νυμφίοι πάλιν εἰς τὸ μέσον τοῦ Σολέα καὶ κοινωνοῦν πρῶτοι.

Μετὰ τὴν **Ὀπισθάμβωνον εὐχὴν** (Liturgie, σ. 181-183)

*Das Apolytikion des Tages*

Und lasse dich sehen die Kinder deiner Kinder,
Frieden über Israel.

*Das Apolytikion des Tages*

Nach dem *Kleinen Einzug* und dem *Kontakion* (Liturgie, S. 62-66) kommen die Brautleute vor den Solea. Der *Priester* tritt aus dem Altarraum und nimmt die *Krönung* vor (oben, S. 37).

**Dreimalheilig** (Liturgie, S. 66-70)

**Zeremonie der Thrones** (Liturgie, S. 70-72)

**Lesungen** (oben, S. 39-49)

**Ektenie** (oben, S. 49-51)

**Viertes Gebet** (oben, S. 51-53)

Anschließend kommen die Brautleute vor die Ikone der Gottesgebärerin. Die Göttliche Liturgie wird fortgesetzt mit der **Liturgie der Gläubigen** (Liturgie, S. 88ff).

Bei der **Kommunion der Gläubigen** (Liturgie, S. 170) kommen die Brautleute vor den Solea und empfangen als erste die Kommunion.

Nach dem **Gebet hinter dem Ambo** (Liturgie, S. 180-182)

ἀκοθουθεῖ ἡ **Εὐλογία τοῦ ποτηρίου** (ἀν., σ. 56-58) καὶ ἡ **Εὐ-λογία** (Liturgie, σ. 185). Μετὰ τὴν **Ἀπόλυσιν** (ἀν., σ. 66/Liturgie, σ. 187), λαμβάνοντες τὸ Ἀντίδωρον, δεξιοῦνται οἱ πιστοὶ τοὺς Νυμφίους, τοῦ χοροῦ ψάλλοντος τὸ

**Θεοτοκίον. ῏Ηχος πλ. Α´**

Ἐν τῇ ἐρυθρᾷ θαλάσσῃ
τῆς ἀπειρογάμου νύμφης
εἰκὼν διεγράφη ποτέ.
Ἐκεῖ Μωϋσῆς διαιρέτης τοῦ ὕδατος,
ἐνθάδε Γαβριὴλ ὑπηρέτης τοῦ θαύματος·
τότε τὸν βυθὸν
ἐπέζευσεν ἀβρόχως Ἰσραήλ,
νῦν δὲ τὸν Χριστὸν
ἐγέννησεν ἀσπόρως ἡ Παρθένος·
ἡ θάλασσα μετὰ τὴν πάροδον τοῦ Ἰσραὴλ
ἔμεινεν ἄβατος·
ἡ ἄμεμπτος μετὰ τὴν κύησιν τοῦ Ἐμμανουὴλ
ἔμεινεν ἄφθορος.
Ὁ ὢν καὶ προών,
καὶ φανεὶς ὡς ἄνθρωπος,
Θεός, ἐλέησον ἡμᾶς.

folgen die **Kelchsegnung** (oben, S. 57-59) und der **Segen** (Liturgie, S. 184). Nach der **Entlassung** (oben, S. 67/Liturgie, S. 186) nehmen die Gläubigen das *Antidoron* und beglückwünschen die Brautleute, während der *Chor* singt:

**Theotokion\*, 5. Ton**

Im Roten Meer ward einst
der eheunerfahrenen Braut
Bild umschrieben.
Dort Mose Durchteiler des Wassers,
hier Gabriel Diener des Wunders.
Damals die Tiefe
hat Israel unbenetzt durchquert,
jetzt nun den Christus
hat die Jungfrau ungezeugt geboren.
Das Meer blieb ungangbar
nach Israels Durchzug;
die Untadelige blieb unversehrt
nach der Geburt des Emanuel.
Der du bist und warst
und erschienen bist als Mensch,
Gott, erbarme dich unser.

# DOXOLOGIE III

# ΑΚΟΛΟΥΘΙΑ
## ΤΟΥ ΒΑΠΤΙΣΜΑΤΟΣ
### τῆς
## ΟΡΘΟΔΟΞΟΥ ΕΚΚΛΗΣΙΑΣ

## TAUFGOTTESDIENST
## DER ORTHODOXEN KIRCHE

### Griechisch – Deutsch

### Herausgegeben von Anastasios Kallis

Einführung und Übersetzung erschließen dem modernen Menschen, der die Sprache des Symbols verloren hat, eine altüberlieferte, reiche Symbolik.

1999. XXII, 138 S. ISBN 3-9806210-2-2

 **Theophano Verlag**